让我缓缓放开你的手
走出丧恸

失去亲人后，我们如何以梦疗愈自己？

苏绚慧 著

译林出版社

图书在版编目（CIP）数据

让我缓缓放开你的手 ：走出丧恸 / 苏绚慧著. —南京：译林出版社，2016.6
ISBN 978-7-5447-6301-1

Ⅰ.①让… Ⅱ.①苏… Ⅲ.①死亡哲学 Ⅳ.①B086

中国版本图书馆CIP数据核字（2016）第082408号

书　　名	**让我缓缓放开你的手 ：走出丧恸**
作　　者	苏绚慧
责任编辑	陆元昶
特约编辑	苑浩泰
出版发行	凤凰出版传媒股份有限公司 译林出版社
出版社地址	南京市湖南路1号A楼，邮编：210009
电子信箱	yilin@yilin.com
出版社网址	http://www.yilin.com
印　　刷	三河市华润印刷有限公司
开　　本	640×960毫米　　1/16
印　　张	12.5
字　　数	101千字
版　　次	2016年6月第1版　2016年6月第1次印刷
书　　号	ISBN 978-7-5447-6301-1
定　　价	32.00元

译林版图书若有印装错误可向承印厂调换

目　录

推荐序

梦的疗愈力量

曹中玮

人必须慢慢接触自己内心深处阴暗或自我否定的部分，继而以温柔接纳的方式与之相处，才能得到真正的生命救赎与心灵成长。就如作者所言："梦，是一个了解自己的渴望是什么的最佳管道。"

我虽曾陪着作者绚慧一起完成此书，但这几天再度阅读，我依然为之动容，多次红了眼眶。这也让我想起八个月前做的一个梦（梦很长，我只摘录和此书主题相关的部分）。

我在家乡的火车站等车，要回台北的家。时间快到时，我竟发现要搭的车从另一个月台进站。我急急忙忙飞奔到另一个月台，车子却准时地从我眼前开走。这时又来了一列电联车，虽然我心中有点疑惑这车要开往哪里，但一大堆人上车，我也就跟着上去……车上有些人似乎认识我，在背后讨论起我的工作和忙碌的生活方式。这时有人告诉我，好像有个人跟在我后面，我回头一看，竟是一位过世的友人。我很吃惊，心想：她为什么会跟着我？但我想和她说话时，她又不见了。我转身看窗外的景致，愈看愈不对，竟看到贡寮市区的标示，我知道坐错车了。我赶忙在贡寮站下车，走出车站碰到现在的同事，她也小声告诉我："那友人跟着你呢！"

这位友人十多年前和我在一个心理咨询所共事过。我印象最深的就是她对工作的认真和投入。之后我们各自离开，因为忙碌就没再见过面。但因为是同行，我偶尔会听到她的一些动向。做这个梦是在得知她因癌症病逝的消息的三四个月后。醒来我哭了，很难过，也很懊悔。但我知道，这时我才真正意识到她已永远离开的事实。一年多前我就得知她在与病魔奋战，也总想着有空要去探望她，给她加油打气。后来竟然忙得明知道她走了，却连告别式也来不及参加……我从没告诉别人心中这桩遗憾，也安慰自己我们有十多年没联络，她不会怪我的。但这梦让我了解我会自责，更惊觉一直以来忙碌的生活方式，到了必须好好检讨与改变的时候。

很快，我就将心中犹豫多年的生涯计划重新规划定案，并有了具体的实践时间表。我的梦告诉了我内心最真实的渴望，再一次帮我做了人生重要的决定。

我从小就是个爱做梦的人。每每对自己曲折、诡异、情绪高涨或跌宕的梦境，既困惑又好奇。进入心理咨询领域后，我开始记下每天的梦境，并尝试“分析”，但总觉得很难参透，无法理解梦要告诉我的宝贵信息。直到十二年前，我接受完形治疗师的训练，学习用完形治疗的方式来处理我的梦后，我才感到很多过去生命中的未竟事物和现在的生活困境，都因为梦的叙说与体验得到清明的领悟或新的理解。于是我也开始带领完形取向的梦工作坊，试着陪伴更多人通过与潜意识的梦境相遇而获益。真的很感恩自己拥有日日记得梦的“异禀”(而且我的睡眠质量很不错)，这让我多了一项探索自我和助人的丰富资源。

本书的作者绚慧和我相识于四年前的此时。她在 2003 年以优异的成绩经推荐甄试进入我任教的研究所（台北教育大学心理与咨询所)。2004 年 4 月她尚未正式入学，就积极地来找我讨论她的论文构想。那时她已经有很丰富的安宁病房工作经验，在陪伴那些面对死亡的勇者和他们的家属时，常会听到他们叙说各样的梦境。特别是遗族梦见已故亲属的梦，总会引出很多深刻的感情和思念，或得到些许安慰或放下过多的悲痛。绚慧自己也经常做梦，也曾因梦见自己已逝的父亲而被深深触动，很想对这样的主题有进一步的探索。她知道我对梦有特殊的兴趣和理解，希望我能指导她完成论文。自此，我们就开始了这段师生缘。

我指导绚慧的论文最不费神，一部分原因是她相当自觉自发，自我要求也高，和我讨论时总有充分的准备，给我看的东西也已相当成熟。但最主要的是她文笔流畅动人，我几乎不必修改任何文句，更常在阅读文章时，被深深触动而落泪不止。我想读者阅读本书时，必能深有同感。

作者分享了自己通过梦进行的自我疗愈过程，也叙说了多位受访者以做梦的方式来完成丧亲所需的哀悼过程。作者用她敏锐关怀的心、悲伤事件的处理经验、对理论融会贯通的了解，来诠释丧恸梦的悲伤哀悼任务、未竟事物的完成与情绪经验，呈现出梦境自我尝试解决问题、与已逝亲人关系的再联结和自我疗愈的力量。

作者也在第十章整理出了"如何靠梦疗愈丧恸"的方法，为丧亲者及专业心理咨询工作者提供具体的以梦自助、助人的过程。自此，"丧恸梦不只是梦，而是丧亲者最具体、最真实的悲伤表现。"

我很荣幸能有机会参与本书的创作过程，更高兴能撰写推荐序，好东西当然要与更多人分享。虽然，本书讨论的内涵是沉重的，有时也是我们想逃避而不敢去面对的，但只要你打开书扉，一定能通过绚慧的笔，得到满心的感动和丰富的收获。

推荐序

不能再见的丧恸因“梦见”而可能说再见

李玉婵

谁没做过梦？

但失去挚爱的丧恸在梦见挚爱时再被触动的经验，谁经历过？

绚慧以本书让许多人的“丧恸梦”被看见，更让人随着丧恸梦境与理解梦的反思力量，体会梦如何疗愈一颗颗丧恸的心，引人无限遐想梦境可能有的神奇力量！

如果说梦境有影响力，许多人会问，究竟是梦境影响现实生活，还是现实生活的未了情进入梦中影响梦境？不论何者为因、何者为果，或许就是因为虚幻与真实互为因果地交替出现在梦境与生活之间，交织成足以撼动生命的鲜活体验，也就足以牵动、改变一个人的生命观感，甚至疗愈失去挚爱者内心深处的丧恸。

因为渴望逝去的挚爱入梦，是许多丧亲者殷殷的期盼；

因为梦中身临其境的真实感，可能让丧亲者实现再见的渴望；

因为如幻似真的梦境，能让丧亲者自由宣泄现实生活中无法碰触的思念情怀；

因为梦醒时分的惆怅若失，可能让丧亲者的悲伤未了情得以再次浮现；

因为梦境意涵的反思理解，可能让丧亲者得以重新发现什么是真实自我的内在渴望；

因为梦境与现实的对照反差，可能让丧亲者借由梦架起与逝去挚爱的新联结。

我想这也就是绚慧以本书让人看见丧恸梦可能提供的隐秘又具体的处理悲伤的空间，让我们有机会参与丧亲者借由梦呈现悲伤、接触真我，进而开启完整处理悲伤丧恸工作的可能性。

绚慧从丧恸梦出发，探究不同悲伤的辅导理论，更佐以多位丧亲者的丧恸梦境，如幻似真地呈现丧亲者在栩栩如生的梦境中如何脱离理智约束，自由抒发丧恸情绪，体验与反思自己的悲伤情绪与亲近逝者的渴望，尝试在梦中和梦醒时分交替理解梦之际，靠自己寻求解决丧恸问题的另类道路，令人动容，也令人分外珍惜这现实生活中异想天开的机会。

书中也介绍了心理治疗界的一些梦工作心理治疗者及治疗方式，除了耳熟能详的以《梦的解析》著称的弗洛伊德之外，绚慧更推荐了善用梦工作疗愈人的完形心理治疗方式。因为完形心理治疗大师F.S. 皮尔斯(F.S.Perls)对梦工作的理念，是鼓励我们抛开对梦境真实虚幻的关注，转而聆听梦以最自发的姿态在诉说些什么。那么，做梦者就可能借由梦彰显自己内在深层渴望的未了情结，而有机会让遗憾的事情被满足。

因此身为悲伤心理治疗工作者的我，也深深相信丧恸梦具有疗愈自己和他人的力量。只是如何让失去挚爱的丧亲者做丧恸梦？又如何以梦助其自我疗愈？绚慧这位悲伤辅导工作者也试图通过本书开启一种可能方式。

邀请你和我一样，先借由本书体会丧恸梦如何疗愈丧亲者的悲伤。考虑借着梦疗愈自己的人，可参考本书提供的具体步骤，尝试看看：先以孵梦之心让丧恸入梦，梦醒立即记录梦境以免遗忘；再借由说梦过程，让做梦者凭直觉探索、理解与诠释丧恸梦大大小小的主题，进而发掘丧恸梦的独特意义，或许能看见失去挚爱后，我们能如何疗愈丧恸，如何以梦疗愈自己。

夜深了，起身入梦去……

愿今夜在绚慧细致动人的丧恸梦笔调中，酝酿孵梦的可能，床边的笔记小本等待我在梦醒时分即刻细载梦境。我将以说梦的方式，尝试理解梦境，或许会发现我的梦是如何启迪我去开启疗愈自己之路的。

自　序

一份神秘的礼物，一段自愈的历程

本书是从我的硕士学位论文《丧恸梦：非预期丧亲者梦见已故亲友经验之叙说研究》延伸而来。我认为，如果能将研究发现以不同的形式与更多人分享，或许能对我们的生活有更多有益的影响与帮助。

研究动机原本是由我自身梦见过世多年的父亲开始，还有曾经协助许多丧亲者的工作经验，让我对丧恸梦与悲伤历程之间的关系产生了很大的好奇心。

这个研究是通过叙说研究方法(narrative research)，针对三位非预期丧亲者叙说的丧恸梦经验与失去亲人的悲伤历程，进行有意义的剪裁与再组织，形成研究故事的文本。然后，经由重新检视文本，以我的心理咨询与治疗的专业学识背景进行研究主题的再脉络化分析与诠释。为了便于读者阅读，并且更符合书的特性，本书的形式与写作方式都做了大幅修改，并加入更多丧亲者告诉我的梦。为了保护当事人，避免他们受到太多干扰，部分情节做了更动，人名也做了修改，以降低辨识度。而记录在书中的梦境故事，皆已获得当事人同意，让我在书中使用。有兴趣了解原始研究的读者，欢迎直接阅读我的论文。我在第三章保留文献回顾的部分，因为一般人对失落、悲伤或梦的相关心理知识还很陌生，为了让读者了解我是以什么样的知识背景来诠释梦经验，此章的存在格外重要。此外，我想也可以提供一些学理依据让读者做参考。参考文献与书目皆列在书末，希望能帮助读者进一步阅读。

我明白社会文化，特别是我们的社会对死后世界的观点与看法，充满了许多不同的宗教观、信仰、信念等，梦见已故亲人常被视为亲人从另一个世界回来托梦，可能为了要交代什么事，或是告知他在另一个世界的生活情况或表达生活需要，等等。因此，丧恸梦发生后，人们大都会为死去的亲人做点什么，以求放心与安心。因为梦境总是如幻似真，让人在又真又假的感觉中，好似与亲人真的再度相见与触碰。于是，梦醒后，让人不得不疑惑真的只是梦吗，还是亲人真的来到梦中与自己相见了？

这是一个具可能性的观点，我想我自己的信仰与一些对死后未知世界的信念，也影响我对死后世界与灵魂的看法。但毕竟我的专业不在灵魂学或宗教领域，因此仅以我的专业为切入点，我认为丧恸梦对丧亲者有心理作用与意义。本书便是从心理层面加以探讨，对于想要以宗教或灵魂角度来了解亲人入梦现象的读者，本书具有一定的局限。

在心理治疗领域，不管哪一种释梦学派都认为梦境与梦的内容反映做梦者的现实生活脉络，有些是隐喻，有些则是显现。因此，释梦最好由做梦者进行，唯有做梦者将梦与生活联结，梦的意义才能彰显。

书中大量的释梦都是通过我的角度与观点，在我融入丧亲者的生活脉络后提出的诠释。我想当事人会有另一番诠释。然而本书的重点不在于如何诠释梦境，而是希望通过了解丧亲者的梦（特别是那些梦到逝者的梦），进一步深入丧亲者的内心世界，了解丧亲者在失去亲人后，个体遭遇的感受与难题。这些梦，无疑可以帮助人们了解到悲伤疗愈过程有一部分是内在世界的崩毁与修补。丧亲者不只要面对和适应外在世界的改变，内在世界经历的冲击、变动、崩裂，也是十分真切的体验。不同的是，内在世界经历的毁灭，却不是现实世界的人容易接触与理解的。

书名《丧恸梦》是从英文“bereavement dream”诠释而来。主要界定我谈论的梦都是关于丧亲者在丧亲后悲伤调适的历程中，梦到逝者的梦，而这些梦都富含死亡带来的悲恸。因此，我特别强调这是有关“丧”与“恸”的梦。“bereavement”在英文里有失丧之意，在悲伤治疗领域则是丧亲的专有名词。之所以没有像国外学者使用“悲伤梦”(grief dream)，是因为我认为悲伤梦涵盖的范围更广，包括任何失落后产生的梦，并不专指丧亲后的梦。因此，在我个人的诠释与界定上，有了这样的分别。

书中记录的丧恸梦，我们可以知道它为“假”，并非真的发生过，那么谈它有何必要？它对我们的生活能有什么启发？更何况，即使回顾梦，也不见得能完整而详细地描述梦境，那么从这些梦的片段中，我们到底能了解什么？

搜集许多丧恸梦的我，相信一件事：就算梦的情节与情景不完整，记忆总是东拼西凑，情绪的发生却不容怀疑。在虚幻的梦境中，我们如实感受到自身的处境、各种困扰与难题。因为情绪的发生来自个体本身，即使是梦境引发的感受与反应，对做梦者来说，情绪仍“如实”发生了。那么，这个情绪波动与感受到情绪的过程，便真实发生在个体身上。虽然梦境极短，却可能带出当事人深层的感情，与生命历程里的特殊经验。读者可从我在第一章叙说的个人梦经验与生命历程中，看见我如何联结我的丧恸梦与生命历程，并尝试自我对话，进而理解这些梦带给我的意义。

梦，若没有通过叙说，没有分享的对象，其实不会产生任何意义。不仅没有机会探索梦所显现的意涵与隐藏的信息，也失去进一步诠释梦所隐喻的意义的机会。

本书以我研究发现的“丧恸梦特性”为各章主题，一一说明如何从这些观点来诠释与理解丧恸梦的发生。事实上，我引用的丧恸梦都不只具有一种特性，从不同特性的观点看丧恸梦的意义，都可作为理解丧恸梦的途径。只是，为了说明每一种特性，我引用的是可以明显看出该特性的梦。读者或许可以尝试用其他特性来理解每一个梦，相信也能有不同的体会。

为了让读者能大略知悉这些丧恸梦发生的生活脉络，我放进一些故事主人翁的生命经验，但并没有呈现一个完整的生命故事。这是为了尊重当事人的意愿，我只呈现他们想呈现的部分。

故事起落虽有不同，但都可以让我们对失去亲人的伤痛与悲伤有不同维度的了解，帮助我们更包容、接纳遭受失丧之苦的人。若自身曾遭受失丧之恸，我希望本书也可以与您分享丧恸梦对我们的悲伤如何具有疗愈作用；生命自身如何通过丧恸梦，安慰自我在失落后受创的心与伤痛的灵。

最后，我希望借由本书感谢我生命中的许多贵人。本书象征着我完成了三年心理与咨询硕士课程的学习生涯。我在进研究所前便开始孵化研究“丧恸梦”的梦想，没想到能如愿完成；而能够完成，是因为有太多力量帮助我。首先要谢谢姑丈许日新先生与姑妈苏希美女士，他们对我无私的养育与栽培，让我在幼年历经失去照顾我的奶奶与爱我的父母亲后，仍能在一个稳定的家庭中成长，并得到三位表哥、表嫂、侄子、侄女的疼爱。他们将我视为一家人，这份亲情是我不断努力、成长的动力，也是我愿意长期投入助人工作的基石。

再来谢谢指导我的曹中玮教授，她的鼓励与指导让我得以完成心目中一本重要著作，并从中领会良好师生关系带来的滋养。也谢谢台北护理学院生死教育与辅导研究所的李玉婵教授和台湾师范大学教育心理与辅导学系的李佩怡教授，两位口试委员在百忙之中协助我，让我的研究可以更趋近我想要呈现的风貌，我甚为感谢。谢谢研究所的曾端真教授、吴毓莹教授、梁培勇教授、谢茉莉教授和洪莉竹教授在许多学科上倾囊相授。三年的学习生涯，我学到的不只是知识与学问，更多的是求智的谦逊态度与良好的为人处世风范。为了这份丰厚的收获我感谢我的老师们。

谢谢台北教育大学心理与咨询学系2004级硕士班咨询组的同班同学，若没有他们三年来不断的关心、鼓励、支持和分享，恐怕我继续下去的力量会少了一大半。三年同窗有欢笑，有泪水，有共患难情谊，虽然人生的交会点即将擦肩而过，但相信这三年的相处点滴在内心已化为永恒。

其实要感谢的人太多，而这三年的学习经历太美好，无论是学业或人际交往，都常让我的内心体会到深刻的满足。因此，这本书在我生命中有特殊的位置，它象征的不只是我生命里的一段求知过程，也是分享对天地、对生命、对人的一份感谢之心。

第一章　生命经验的撼动

因为这个梦，我终于正视这份伤痛，
正视自己的生命经历过这撞击。

那年寒冬，我十四岁，只身寄住在台北姑妈家，就读初中二年级。那一天，是期末考试的最后一天，我兴奋地预备隔天从台北回屏东和父亲团聚，一起在除夕围炉过农历新年。伯父突然从屏东来电，告知我父亲已经在屏东的医院过世的消息。我不知道发生了什么事，我怀疑自己是否在梦中。泪水不听使唤地狂涌，我不懂，为什么原本一场欢乐的团聚，却变成从此天人永隔？

火车票变成见父亲最后一面的通行证，期待团聚的梦像膨胀的气球，瞬间破灭，无以挽回。

这突如其来的打击成为我内心强烈的遗憾与痛楚，死亡事实太难承受，这感觉一点都不真实，像做梦一样。他怎么就这样不声不响地离开了我？

赶回屏东，我见到父亲躺在棺木中等待火化。惨白的脸、滑稽的寿服，以及变了样的身材，我不禁怀疑那真的是父亲吗？我太难相信原本要相见、拥抱的一个人，怎会即将化成一堆白色骨灰？

我泪流不止，心里为父亲早逝的生命与自己过早失去父亲的命运哀悼。我不知道他的灵魂会去哪里。是否真的有天堂，真的有神？我在心中祈祷：神啊，请接纳父亲的灵魂，让他漂泊的灵魂得到安歇，也得到你的接纳！

混乱与不真实的告别式之后，我继续回台北上学，但骤然丧父的悲痛情绪却无法向人诉说。我周围的老师、同学、亲戚都不是适合的倾诉对象，丧父事件成为我不能言说的经验，没有人了解我的苦与痛。我其实尝试过倾诉内心的创痛，却只得到淡淡的回应。我意识到这是他人无力陪伴与安慰的事。从此，我几乎不再提起丧父的遭遇。我想唯有坚强，才能遏止悲痛与哀伤，才能假装一切无伤，只要继续过日子就对了。

我不知道我的人际关系与情绪不知不觉中有所变化，被遗弃与孤单的感受一直幽幽沉沉地在心中发酵。我的性情变得十分易怒，与同侪也发生了许多冲突，感觉生命更空洞，觉得某段生命经历无法去回忆、言说和碰触。我的生命中出现了一大片的空白。

那道无法揭开的伤口，化为深沉难愈的忧伤。在往后的日子里，我只感到无法拨开的忧伤笼罩着我的生命，却不知它究竟为何物。

失去至亲的痛在历经了十二年的沉默后，在我二十六岁那年，因为我到安宁病房工作担任社工师，终于被彻底、剧烈地敲醒。那时，我日日陪伴临终病人面对死亡的威胁，日日陪伴家属调适各种悲伤反应，死亡与悲伤成为强大的压力并笼罩着我。我隐约感到自己内在有股强烈的遗憾，那是关于我和父亲的。但白天太忙碌，我几乎没有太多时间静下来好好关照自己内在的变化。这醒过来的痛，化为梦，让我清清楚楚地再经历一次内在的遗憾与悲伤。

在梦中，我接到一通从家乡打来的电话，告诉我父亲病危。梦中，我已成年而且是一名安宁社工师。我接到电话后，清楚地告诉自己，我不能错过，一定要回去见父亲一面。我一定要告诉他，我爱他，一定要告诉他。

梦中的我急着订机位，急着办理休假，东奔西跑，就是为了能立即启程回乡探望父亲最后一面。但一切都不顺利。即使我已是成人，也是一名专业工作者，我仍旧无力越过所有回乡的阻挠。当我知道我真的回不去了，没有机位，没有飞机赶得上时，我跌坐在地上不断哭泣，一边哭一边喊：“来不及了，来不及了！我见不到爸爸最后一面，我来不及告诉他我好爱他……”

梦中的我哭得激烈，在痛哭失声中我从梦里惊醒。在幽暗的房间内，我流着泪坐起身，惊讶原来见不到父亲最后一面与无法说出口的爱，竟然会驻足内心这么久。

这是我丧父后，第一次经由梦境清楚地看见自己和父亲之间的未竟之事，也深刻地再次经历失去父亲的悲伤。再回头看一次梦的情节，我才惊觉那是我压抑在内心深处，长期不敢面对与不敢揭示的伤口。

因为这个梦，我终于正视这个伤口，正视自己的生命经历过这撞击。我那道丧亲的伤口被掀开，我清清楚楚地承认我确实见不到父亲了；即使我已成年，过去来不及见到父亲的遗憾，仍无法弥补与改变，成为我生命里某处恒久的荒芜。

经历这个梦之后，我的悲伤状态有很大的改变。我再次拥抱自己和父亲断裂的关系与过往相处的记忆。我们经由梦再次联结，我开始可以回顾早期与父亲相处的记忆，也开始怀念、悼念他。有这段过程中，虽然泪水似乎永远不会干涸，痛的感觉也常盘踞心头，但有种接纳自己的感觉悄然升起。我接纳了我就是个丧父的女孩，接纳了自己的生命的确有部分会永远有缺憾，也接纳了我的生命确实过早体验到生离死别的无奈与无常。当我还找不到所有答案与意义时，接纳让我感受到一份安然与认可：安然自己的存在，认可自己可以存在。

其后有五年的时间，我借着许多机会，阅读也好、心理咨询或团体治疗也好，努力在悲伤中继续活下去。当然在这五年里，我还是不断面对人生各种意外的失落与创伤，不过，这五年中却未曾梦见过父亲。

在我三十一岁那年，我同时经历了人生的许多失落，无论是感情，还是工作、理想，皆遇到挫折与重大失去。那一年，我对未来感到惶恐，对自己失去信心，对人生不敢期待。那时的失落、悲伤并不亚于丧父的悲伤，我甚至怀疑，我是否能活下去。

或许悲痛与哀伤勾起我对父亲的思念，怀念曾有父亲依靠的感觉，也怀念曾有一个人深爱我的感受。在我三十一岁生日当天的清晨，父亲再次出现在我梦里：

我刚参加完一个产品测试会，把开关锁交给主办单位，打算离去。我走进一个类似休息室的教室，隐约有几个人在里面，有人告诉我："你爸爸来找你。"然后指向背对我坐着的一个人。

"爸爸来找我？"我太惊喜了。于是我冲向那个人，我不知道现在的他长什么样子。我有点儿期待又有点儿害怕，不知会看见怎样的爸爸。顾不得这么多，我大叫一声：“爸爸！”这人站起来转向我，我兴奋地一跃而上，整个人像孩提时般环抱住他。我紧紧抱住他，整个人紧紧抱住他。

然后，我们一起走出休息室，外面是手扶电梯，我们一起踏上手扶电梯。那一刻，我终于看清楚他了。他和过去没有太大差别，只是头发比较长，有一种潇洒的感觉，穿着一件鹅黄色外套（有连身帽）。他微笑说：“我刚刚在大叶高岛屋等你。”（大叶高岛屋是我最爱去的百货公司。）我望着他，好开心、好兴奋，好想马上跟他说什么。但一想到要说，整个情绪就悲伤起来。我一开口就想哭，一哭，就立刻哭醒了。

我发现我竟然什么都没说就醒过来了，回想刚刚在梦中见到的父亲的面容，我更泣不成声，懊恼极了，怎么什么都没说就哭醒了？我的心绞痛不已，身体也伸不直。我不明白为什么第一次梦见他时，来不及说什么就痛哭而醒，怎么隔了五年再次梦见他，好不容易清楚地看到他的脸，却还是没说什么就哭醒？

我静下心来回想梦境的情节，发现梦中的父亲是好爸爸的样子，是个改头换面了的慈爱的爸爸。而现实生活中他是个有酗酒问题、性情不安定的父亲。他梦中的模样让我感到安慰，那是我心中渴望见到的父亲。

这次的梦，还是使我痛哭得坐不起身，频频喊着："爸爸，我好想你……你知不知道……我不知道你在我身边我会不会比较快乐。但你不在我身边，我真的很不快乐。"

我在床上哭得又跺脚，又捶床垫，生气自己为什么要醒来。我试着想象如果梦可以继续，我想做些什么。

> 我好想你！如果可以，我想依靠你走一会儿，想跟你吃顿饭，想要你在我身边待一会儿，让我再次感受到在你身边的幸福和安全、快乐和满足。即使只是一会儿也没有关系，就让我依靠着你，挽着你的手，像一对感情很好的父女，走在台北街头。和你走在台北街头，一起谈天聊往事，一直是我想做的事。我想让你知道，没有你的这些岁月，我是怎么坚强地生活着，怎么努力做你的女儿，怎么努力让别人知道我没有丢你的脸，没有丢家族的脸。

虽然在这个梦中，我还是没有机会对父亲完整地说出心里想说的话，但我心里有些欣慰的感觉，我终于见着了他的脸，见到我思念了十七年的面容。我惊觉即使过了这么多年，内心的遗憾却还是存在，但我似乎借着做梦，一步步面对心中的未竟之事。当我回溯梦境，我发现想念父亲的心情丝毫未减少，我还是这么渴望与他重逢。

当我像孩提时那样，跳跃拥抱他时，我感到一种熟悉的安心。没错，那是我渴望的安心，无论我遭受什么样的人生风雨，父亲的怀抱是我渴望安歇的所在。小时候，我便是在父亲怀抱中入睡，也在那儿感受到爱与呵护。

我知道，失去他之后，我仍旧长大成人了。但每当我受伤、受挫，便会渴望回到小时候，重温有父亲保护与依靠的感觉。

这个梦，实现了我的渴望。

后来，又隔了半年，在我研究所第一学期课程结束后的寒假，父亲第三次入梦。

梦见父亲的前一天，一位朋友来信祝福我新年平安，并安慰我这个时刻倍感思亲的心情（因为她知道父亲是在农历过年前几天过世的。当时我年纪小，不记得究竟是几月几日，只记得是除夕前）。

就在那天晚上，我梦到一个令我惊奇的梦：

我来到一座庙宇，许多人正在排队，都在等里面的一位住持或者是庙公，等他帮我们找死去亲人的灵魂，好让我们与这位亲人再度相见。

在他招魂之前，我们必须写好两张纸。一张纸上写要找的亲人名字和生日（这样才能找到对的人），另一张纸上写想要告诉亲人的话，也就是要对父亲说的事，看他愿不愿意见我。

等呀等！看着别人好像都和亲人说过话了，我心里充满期待。

好不容易轮到我了。我将第一张纸交给负责通灵招魂的人，他说："你要找妈妈吗？"

我有点生气说："不是，你看不出来这是男人的名字吗？我要找我爸爸。"

他又说："他的生日是正确的吗？"

我有点不确定父亲的生日，没好气地说："我不确定……"

他说："你怎么当女儿的？"

我更火大："我们聚少离多嘛！"（心想：不知道正确生日不行吗？）

那人勉为其难地为我招魂，先烧了第一张纸，然后要烧第二张。我拿第二张纸给他时，才注意到我没有写字，而是画了一幅画。"什么？是个笑脸？"我觉得好笑，干吗画个笑脸？

那个人还是烧了那张画有笑脸的纸，我紧张地在一旁等，等呀等……一直等不到。好像是找不到……

我很想要见爸爸，想看看他过得如何？也想让他看看我。

但是，我被外面世界的声音吵醒了，没有等到那个人，不知他是否找到了父亲。

醒来的我，立即发现这次梦到父亲却未如以往般哭醒。这是否意味着我已真正接受他与我是不同世界的两个人？我似乎终于接受了父亲已死去的事实。

让我感到不可思议的是，我做了现实生活中不可能做的事：找灵媒，试图和爸爸联系。梦里的我，因为不记得父亲的生日而有些愧疚（我想，我真的很愧疚，连他的忌日也不记得），因此我在梦里创造了一个责备我的人，同时又理直气壮地为自己辩护：我们聚少离多嘛！我试图以此消除因自己对父亲所知不多而带来的愧疚感。

更奇妙的是，第二张纸上本该写要说的话，而我竟然画了张笑脸，这是不是希望让父亲放心的意思？还是我对正在修读硕士学业的自己还算满意呢？

我连在梦里都还是坚持："不找妈妈。"三岁时，我跟母亲分离，之后一直没有她的音讯；成年后，我也没打算一探究竟，或许因为那还是我很害怕面对的失落吧！我在梦里依旧没有探寻她消息的念头，但或许潜意识里，我认为她并不是“另一个世界的人”，因此不认为该找灵媒与她联系。

这三个梦虽然先后出现在五年半的时间里，但它让我初步看见自己悲伤状态的转变与流动，无论是认知想法上的或感情上的变化。我从无法面对到渐渐承认，从感情崩溃到情绪平静。我感到惊讶，这些丧恸梦对我在生活中遭受的失落、伤痛似乎蕴藏着丰富的疗愈力，像反映悲伤状态的一面镜子。这些丧恸梦不仅改变了我的生活经历，也改变了我的悲伤，我开始好奇别人的梦与悲伤经验又是如何呢？那些梦中的故事对他们具有什么意义？梦里可能蕴藏生命遇到的特殊议题吗？

对我来说，这三个丧恸梦珍贵无比，我从中知道，我确实已打心底里接受父亲不复存于世上的事实。在第一个梦中，我经验痛彻心扉的悲伤痛苦（那段时期，我也经由团体治疗体验到失去父亲的巨大悲伤）。然后，经由不断疏通与寻求意义的过程，我渐渐体会到自己和父亲的亲子关系是不会消失的，因为父亲的血液就在我的体内，我是他生命的延续。我也因此体会到，我若以父亲曾经给我的爱好好爱自己，便是在爱着父亲。父亲的生命虽然消逝了，但关系与记忆都未曾消失。

第二个梦中，我则像孩子般环抱父亲，再次感受到依靠父亲的安心与温暖。这是我生活脉络中渴望的感觉，面对生活中的许多失落与挫折，我渴望的是父亲坚强与安稳的拥抱。经由丧恸梦，我尝试将这一部分的力量与经验整合到我的内在系统里，我不仅忆起曾经如何感受到父亲的疼爱与保护，也相信这份力量继续存在于我的内心。

第三个梦中，父亲已然是不同世界里的人。但我想以不同的方式与他联系，这意味着我相信父亲仍旧存在，只是在不同的空间。因此，我和父亲联结了不同形式的关系。在梦里，我似乎想要告诉父亲自己过得不错，请他放心，这也意味着我感觉自我能力的提升，新的生活关系与角色都已经有了进展。

做完第三个梦后，我一直相信短期内我不会再梦到父亲，如我所想，到现在已经又过了两年，我从未再梦到父亲。

为什么有这一份确信呢?

那是因为，我发现父亲出现在梦里，常代表我的生命状态有很大的改变，生命历程有很大的转换。在这样的时刻，父亲的出现代表了重要意义，这是一份我想告知父亲我的生命发生了什么改变的强烈愿望。

父亲，始终是我生命里重要的人。即使他已过世多年，但他在我生命中占有的位置是无可取代的。

借着回顾这些丧恸梦，我便有机会重新审视与父亲相处的早年记忆，我也花了许多时间写下我和他在短短的相处时间里，一同经历的故事。在思索、感受、再思索与再感受之后，我了解到父亲对我的影响。当我和他的故事在我心里丰富起来，我感觉到我也能坦然地面对幼年失去他的痛苦。痛苦，往往需要的是承认它的存在，允许它的存在。

在我承认痛苦的确存在之后，我发现，父亲用短暂的生命爱我并影响着我，我的生命并未因为他的消逝而空洞、贫乏。

我相信是这些丧恸梦带给我特有的疗愈机会。在日常生活中，我们忙碌，每天早晨一起床，琐事便上身，烦恼的事很快便占领头脑，梦其实很快就溜过去，消失得无影无踪。因此，我们错过很多机会，未能正视梦究竟要告诉我们什么？事实上，当我们认为梦是无价值与无意义时，梦是不会告诉我们任何信息的；唯有相信梦叙说了我们内在真实的声音与感受，梦才可能对我们说话。

第二章　梦在说话

梦，是一个了解自己的渴望是什么的最佳管道。

梦见父亲的深刻经验，似乎让我在丧亲助人工作的领域里多了一个接收的频道。在安宁病房工作时，我听到遗族谈起失去亲属（病人）后所做的梦；或在带领丧偶者情绪支持团体时，我听到团体成员互问：“你梦到他没有？”这些都让我意识到“梦到已故亲人”对丧亲者有重要的意义。我耐心聆听他们在梦中和亲人的互动与对话，在心里揣摩那是什么样的场景、气氛，也好奇地探问他们梦醒后的各种反应和他们如何诠释梦的发生意义。

这是我聆听自己以外的丧亲者讲述梦经验的开始。

有人告诉我，他梦到死去的亲人在梦里说自己没事，没死去。

有人告诉我，他的亲人在梦里告诉他，自己要出国去玩，所以他们在机场送行。

他们说的梦总让人感到深刻的感情，并且极度呼应现实生活的脉络，几乎让人不得不相信，一定是死去的亲人回来托梦，回来和亲人再相处片刻。

之后，我因长期投入生死教育与悲伤辅导的助人与训练工作，有更多机会与许多丧亲者相识。这些丧亲者中，一些是经由他人介绍，一些是参加研习会、座谈会认识的，还有一些是因为我写的文章、书籍而主动与我联络、通信的。忘了从何时开始，我试着在与丧亲者互动、接触的过程里问一句："你梦到过他吗？"结果他们讲述的梦境故事往往超乎预料的丰富与精彩。我所看见的他们，在回溯梦见死去亲人的经验时，几乎不需特别花力气回想就能将梦境讲述得十分鲜明，在神情、肢体、情绪反应上都犹如再次经验梦境般强烈。他们讲述的内容包含死亡事件的冲击与梦之间的关系、现实生活的困境，以及悲伤调适过程中的生命主题等。

这让我体会到梦是丧亲者悲伤过程中最为隐喻的故事，其悲伤反应与悲伤过程中遇到的难题和困境，似乎借着梦在表达并试图自我处理。如果丧亲者的梦在说话，它似乎诉说了失落与分离带来的改变，丧亲者内在外在的状态，还有那些丧亲者持续关注的主题。

这引发我产生更强烈的兴趣，想去贴近丧亲者丧恸梦的经验，了解他们在过程里究竟经验了什么。T. J. 雷（Wray）

与A.B.普莱斯（A.B.Price）认为梦见已故亲人的悲伤梦能帮助丧亲者调适悲伤并再建构生命的意义。因此，悲伤梦或许可说是失丧后的心灵活动，它反映丧亲者的悲伤走到何种状态，同时也有丧亲者对逝去亲人的牵挂与想念。

但为什么有些人想梦见已故的亲人却不如愿？有些人却三天两头梦见已故亲友？我实在无法回答为什么有些人能梦到，有些人却无法梦到的疑问。但我隐约知道一个关键因素，便是：创造力。梦需要创造力，借着我们日常生活所见、所经历的素材，加以编织，也可说是加以演展。就好像在写一本小说，我们必须有生活的实际经验，同时也必须能想象。梦是想象发挥的极致，梦里各种稀奇古怪的情节都可以上演，任何非现实的状况都可以发生。我们可以选择与决定梦境要如何走下去。因此，才有以“孵梦”为途径进行的自我疗愈工作，让我们借着梦实现愿望或扭转一些情景，甚至可以有第三只眼，来观看自己在梦中究竟经历了什么，做了什么安排，好在醒来后，对自己有更多了解与探索。

梦，是一个了解自己的渴望是什么的最佳管道。我有好几年的时间，白天过得浑浑噩噩，失去了一些感觉，或者说，我压抑了某些感觉。我知道自己封闭了一些知觉，只因为开启那些知觉会让我经验到脆弱、无助或伤痛。我知道，我用漠视情绪来克制自己，无疑是为了让白天的自己看起来冷静、平稳，好让人不至于觉得我有问题或过得很糟。

奇妙的是，无论我白天多么努力地让自己避免被感情影响，夜晚在梦中的我，都不是那么平静稳定。在梦中，我会大叫、大喊、哭泣、说出平常不可能说的话……

有一次，我竟然梦到自己死亡。

我看见自己的葬礼。我躺在棺木中，身旁有修女正在为我祷告。奇怪的是，我虽然死了，却能听见修女说的话，我知道她正在为我生前受过的苦痛疗伤止痛，正在疗愈我的灵魂，好让我能回归天家。

梦里的棺木前，有一块奇特的白色幕布区，用来显示我一生中相遇的人的影像，他们一个一个出现在幕布上，从右到左移动着。我见到许多遗忘许久的朋友、同事、幼时玩伴等，看见他们时，我不禁惊呼："原来，我的人生遇见过这么多人！"我一面惊呼，一面回想起这些被我遗忘的人，曾经给过我哪些温暖与关怀。

在梦中，我发现自己原来不是孤单一个人。虽然现实生活中身边没有人陪伴，但其实我生命里有许多人停留的足迹。在那一刻，我释怀了，放下了我不明了的苦难与伤痛何以会发生的疑问。正当我如此释怀时，听见身旁的修女说："你的灵魂受过的伤痛，如今都得到痊愈，你可以安息了。”

我感觉自己内在有一股很强烈的疗愈力量，与深深获得安慰的满足感。然后，我在这样的满足感中醒来。

醒来的我仍觉得不可思议。我以为，曾经受过的伤痛我都不以为意；我以为，我强颜欢笑得很成功。没料到，原来自己的内心早已如槁木死灰，犹如死亡到临；同时，我也体会到自己多么渴望疗伤止痛。似乎借着死亡，灵魂才有可能释放曾经承受的失落与悲伤。

我想，我内心也许认为唯有死亡到临，我的伤痛才能够痊愈吧！那么，死亡对我的意义不只是结束，也有疗愈的意涵。我的“内在我”通过梦对自己说话，不论“外在我”如何努力掩饰与隐藏，但“内在我”真实地知道我所有的感受、情绪与想法。

梦，会用隐喻的故事情节，彰显我们所要传达的意涵。借着我们的联想力与创造力，我们赋予故事寓意，让故事展现我们要表达的意涵。

另一次，我也做了一个十分特殊的梦，因为里头有三个主角，然而我却明白三个主角其实都是我。因为当镜头停在其中某一个主角身上时，我的感受与情绪就是该名主角的。

这个梦境是这样的：

在一个战火不断的时代，某个村庄正遭受攻击，烽火连天。

梦中有三名女性：小女孩、妈妈、外婆。

背景是战争中敌人来到村庄，正要开始抓人质。

妈妈带着小女孩打算去与外婆会合，准备一起逃离。

小女孩急急忙忙地拿出一个布袋，准备装她最珍爱的东西，妈妈一直唤她："快走，快 走，我们要去找外婆。"

小女孩慌慌张张地收拾东西。

梦境忽然跳到外婆身上，外婆也急忙要去和女儿与外孙女会合。但这时，她听见谣言说有一群人已经被抓走了，里面好像有她的女儿与外孙女。

她很焦急，情急之下，她来到敌军的营地，想去营救女儿与外孙女。没想到，她反而被抓了起来。这下她才知道，女儿与外孙女还在外面，还没被捉到。

她开始大叫："你们快走，快走，不要等我了。走，快逃。"

还在外面逃难的妈妈与小女孩听到外婆被捉的消息，妈妈陷入两难，她想去救外婆，同时也想保护孩子，不想让孩子遭遇危险。

可是，她也舍不下外婆……

她困在中间，左右为难、进退不得……

醒来后，我清楚地知道，这里面的小女孩、妈妈和婆婆都不是别人，都是我。每一个角色我都是以第一人称的主观位置出现的。

是的，无法隐藏的是我的为难与进退不得。

那段时间，是我遭遇重大失落后，面对负面评价与不实谣言最为困扰的时候。我的内在就是一个大战场，我疑惑究竟是该保护内在的那个弱小我（本我：受伤、愤怒、悲伤），还是去维护、挽救精神支持的力量（超我:宽恕、坚定、包容）。自我（妈妈的角色）在当中拉扯,眼看存在的力量就要被俘虏、消灭，但她放不下那害怕与脆弱的小女孩（内在小孩）。

精神力量（外婆）似乎打算自我牺牲,她想保住自我（女儿）与弱小我（外孙女），于是选择牺牲自己。

这个梦反映了我的焦虑，我好像眼看着自己的力量一点一滴在折损，被伤害我的人、伤害我的声音困住，却逃脱不了。我束手无策，不明白自己如何能宽恕？如何原谅？我做不到宽恕与原谅，我的内在是那么无助与悲伤。

或许因为我自觉没有超我的力量，因此梦的情节，便是象征超我的角色（外婆）被俘虏了，动弹不得。但另一方面，这也是自愿牺牲吧！

但自我（理智我）却无法就此放弃那些重要的力量。若我不再有那些超越的力量，失去了精神的支持，又如何照顾现实中的自己与内在的弱小孩子呢？

我发现，我无疑在人生的战场中，一个人犹豫着是要冲锋陷阵，救回我存活下去的超越力量，还是要逃离，舍弃那些我认为有价值的信念与信仰？

这个梦，虽说不能为我解决任何正在面对的难题，却能开启我的意识，让我知道我究竟在哪里，要往哪里去。

从我开始记录梦后，我发现梦的情节虽然虚幻，却展现出我内心世界真实的困扰与矛盾。无数个梦让我体察到自己在白天的生活中压抑了哪些感情，然后在夜晚睡眠中释放它们。并且，我也发现自己丰富的创造力是如何通过故事的隐喻，来表达内在隐晦未明的潜意识的。

梦，是一个自己和自己说话的途径，而且是深度性的谈话。只是，愿意好好了解自己梦境的人并不多，很多人只求快解式的方法来解析梦的含意，却不太用自己的生活脉络好好与梦建立联结，真正听懂梦所要表达的意涵。完形治疗大师皮尔斯曾说，梦不能靠他人来解，也不需靠他人来解，那没有太大意义。要让自己的梦彰显出意义，唯有再度融入，从梦里去经验它，探索它，进而了解它。

而我认为，若要听懂梦在表达什么，便要从做梦者的生活脉络进入，例如做梦者的感情状态、情绪变化、生活情境、生长过程、现实压力、人际关系等方面，这样才能获得比较贴近做梦者内心世界的梦的意义。

如果你开始对自己的梦产生兴趣，不如就从此刻开始，好好留意自己的梦，听听你究竟想对自己说什么。

第三章 了解梦，了解悲伤，了解丧恸梦

我是自我梦境的制作人，
剧本、布景、演员都是我一手挑选的，
我是编导，架构整个梦境的演出。

——盖尔·德莱尼(Gayle Delaney)

在本章中，读者可以对丧恸梦、创伤性失落、悲伤及悲伤调适过程三者之间的关系有更多的了解，同时也可以了解我所形成的视框、角度是怎样的。这些是我理解与贴近梦中故事和悲伤经验很重要的途径。

心理治疗的梦观点

梦研究的起源

每个人都会做梦，即使有人宣称自己不做梦。我认为，没有不做梦的人，只有不记得梦的人。做梦是人类共有的经验，我们做梦的经验在人生经验中占很大一部分。不同的是，每个人的梦境与情节都是迥异的，具有个别性、独特性、创造性的意义。正如德莱尼认为，我们都是梦境的制作人、导演、演员与编剧，甚至是唯一的观众。我们几乎找不到另一个人和我们有着相同的梦境，或有相同角色与情节的梦。

在古代，东西方对梦的解释，多以宗教与哲学的观点和立场出发，相信梦可预知未来，或将梦视为与神世界的联系或神灵的启示。众所皆知，正式开始以梦作为心理研究主题的学者是西格蒙德·弗洛伊德（Sigmund Freud）。他在1900年出版的解梦巨著《梦的解析》突破了当时盛行的梦观念。弗洛伊德相信有一种心理学的方法，可以使梦的解析变为可能，一旦运用此一特定程序，每个梦都能呈现出一个具有某种意义的精神结构，并能在梦者清醒生活的精神活动中找到它指定的位置。组成梦的材料其实都来自人的经历，它们在梦中被回忆起来或浮现，但梦的材料与现实生活的现象并不必然有显而易见的联系，这些联系经常被隐藏，甚至经过大幅修改、伪装，使原来的内容经过更复杂与奇怪的重组。他认为梦释放的是人不被社会接纳的冲动和欲望，而这些被压抑在潜意识里的欲望，趁着睡梦时压抑机制放松，纷纷以伪装的方式呈现。于是，他称梦为“通往潜意识的快捷方式”，认为梦中愿望的满足能安抚精神、缓和冲突。

弗洛伊德以精神分析理论解梦，后人认为其最大的问题在于：百年前人类对脑部运作过程的了解过于不全，因此没有足够的实证基础，结论大多流于臆测或想象。1930年左右，当科学家们纷纷将新发明的脑电波记录法运用到睡眠研究中后，睡眠科学才得以脱离表象的观察，进入客观分析。这时期，科学家发现“快速眼动”（REM）睡眠期，这使得关于做梦的科学进入了新纪元。

梦理论的发展

关于梦的后续的相关理论发展，我们可以先了解弗洛伊德的学生阿尔弗雷德·阿德勒（Alfred Adler）对老师将梦视为“通往潜意识的快捷方式”的不赞同的态度。在1932年的著作中，阿德勒认为梦的作用是处理清醒生活未能解决的事。如果我们白天专心致志追求某种目标，到了晚上，便会在梦中关心相同的问题。每个人做梦时，梦中都有一个工作等待他完成。因此，阿德勒认为梦是“通往意识的快捷方式”，并强调清醒的生活方式与梦境是连贯一致的。例如：如果你白天记挂着要赴一个重要的考试，夜晚便很有可能梦到自己正在考试却答不出题或考试迟到等。

原本也赞同弗洛伊德“梦是潜意识的产物”的卡尔·G.荣格（Carl G. Jung），因为后来反对弗洛伊德的精神分析观点，对梦的理解也产生了相应改变。荣格仍然将梦视为研究人类精神的重要环节，但他从做梦的真实感受得到一个基本概念：心灵的真实。也就是说，梦是心灵的自我表征，是心理不断自我调节以达到心灵平衡状态的历程。他认为梦并不是伪装，而是深层精神世界中一种自发创造的表现形式，是目标指向过程的一部分，意象、价值及原型象征物都经由这个过程渐渐展现。

完形治疗创始人皮尔斯原本选择以精神分析作为探入心理治疗的途径，却因缘际会接触了完形心理学。在获得许多完形心理学知识与研究成果后，皮尔斯日渐将完形心理学整合到完形治疗的基本理论中，并受到存在主义、现象学、整体论（holism）、有机体理论（organism）、场论（field theory）等学说理论的影响。他对梦的观点是：梦是人最具自发性的自我表达，个体存在的所有问题几乎都清楚地显示在梦境中。

因此，皮尔斯说梦为“通往整合的快捷方式”，他像荣格一样认为梦境皆含有重要信息，唯有做梦当事人才能体会与阐述其含义，而非任由外界的专家学者予以“诠释”。皮尔斯认为“梦的意义是一种存在性的信息。它不只是未完成的情境，不只是眼前的一个问题，不只是由一个症状或性格而形成。它是一种存在性的意义，一种信息。它牵涉到你整个的存在，牵涉到你的生命剧本……而且你可以确定的是，如果某个梦是重复性的，那么它就是一个至关重要的存在性课题。”也可以说，梦境中的所有元素都可能是做梦者某些部分的投射或否认，它们经由梦被做梦者渐次整合，或被认识、理解与重新拥有。

相较于弗洛伊德认为梦呈现的是人类压抑的欲望和冲突，阿德勒与荣格倾向主张梦为人带来平衡，而皮尔斯则着重梦的整合作用。近期的梦诠释学派，则把梦视为人格心理动力的真诚表现，而不是经过伪装的压抑产物。例如大卫·福克斯（David Foulkes）就采取“认知”的立场，认为梦是有意义的象征，它并不是预先决定、需要转译的密码信息，而是某种转换、重新安排象征素材的计算机。愈来愈多的新范试图说明梦的复杂性：把有机体看成开放的系统，它在生理、心理和社会等多重层面不断流动。对人类而言，健康的自我是通过自我创作的过程才得以发展和维持的，而梦提供了“自我指示的主题，有助于形成整合的自我，对神经系统和社会文化系统较复杂的物种而言，更复杂的自我整合是不可或缺的”。

J. 艾伦·霍布森（J. Allan Hobson）是位神经科学专家。根据神经科学基础、睡眠实验及睡梦的最新研究成果，提出梦是由脑部活动产生的。在生理学上，梦是皮质下方的边缘系统在快速眼动睡眠期被活化而产生的，这种活化为梦境带来充满情绪的特质；而背侧前额叶皮质的活性受到抑制，则使人在梦中缺少自省能力，丧失自我意识，无法控制思绪，逻辑也受损，且无法维持定向思考等。基于生理实证基础，霍布森认为梦充满了“情绪特征”与“情绪相关”的特质，意即梦多半带有强烈的情绪，同时大多是负向的。那些重复出现的梦，是某些充满情绪的主题依赖梦的某些形式特质而存在。

他进一步推论，梦的确如弗洛伊德所认为的，具有原始情绪的特性，梦境被借着睡眠而得到释放的原始冲动所煽动，原始冲动包括性、攻击、逃跑的本能，伴随趋向行为、逃避行为、对质摊牌行为等。而人们在意识清醒的状态下，的确倾向温和、文明且理性，因此梦是人原始冲动的产物。

弗洛伊德认为梦是“愿望的达成”，霍布森则认为梦其实带有更多的负向情绪。但弗洛伊德的基本假设是正确的，梦是由情绪驱力推动，而这些情绪与精神内容具有松散的联结。做梦确实深刻地提醒着人：自己拥有强大的本能、情绪，甚至疯狂的倾向；而清醒时，这些都是被严加管制的。

但霍布森不认同弗洛伊德的观点——梦具有“伪装”与“监视”的特性，他认为梦境其实揭露了情绪及本能，而非掩饰，因此谈不上“伪装”与“监视”。而梦境的内容，其实就是与各维度有关的许多联想的组合罢了。

梦在心理治疗的应用

自弗洛伊德公开了对病人进行梦解析的心理治疗工作后，梦陆续受到许多心理治疗学派的关注，被应用在治疗过程中，作为个人进入内心世界、探索自我最直接的方法。在广为人知的梦工作方法中，有一种是以“孵梦”作为治疗工具，希望做梦者以自助的方式处理自己的梦，并借此了解自我，从中找到解决问题的答案。

C.E. 希尔（C.E.Hill）发展出“认知－经验”梦模式并将此用于心理治疗，其中涵盖探索、洞察与行动三个阶段。在探索阶段，治疗师引导来访者检视各个梦境片段，鼓励来访者再次经验梦中的想法与情绪；在洞察阶段，治疗师与来访者共同建构对梦境的了解；在行动阶段，治疗师与来访者根据前两阶段的所得，思考如何改变清醒时的生活。三个阶段皆包含认知与情绪的处理，因此称为“认知－经验模式”。

人本取向的梦工作者蒙塔古·厄尔曼（Montague Ullman）认为梦有潜在的疗愈力。他强调梦工作要注重个别差异，检视梦的社会背景，并认为梦参与了个体的成长过程。厄尔曼在心理治疗的工作经验中发现，梦工作有三个基本特征：与当前生活的问题有关；运用过去的素材来了解这个问题；有能力戳破陈旧的个人神话，使做梦者对问题做出更务实的评估。

经过一个世纪的发展，梦在心理治疗工作中的应用，已不再只是像弗洛伊德一样将梦当作原始欲望来解析，而是试图分解患病与做梦之间的原因。我们可以发现梦的诠释与治疗观点，走向回归现实生活层面及社会文化环境的再脉络化，强调不再以外在专业人士来解析、诠释梦的意义，而由做梦当事人回忆梦、自由联想、找寻与生活经验的关联、赋予自我诠释的意义，进而从中发现自己可以如何行动，以此来为自己解除困扰。

关于梦的理论至今仍是百家争鸣，无论从大脑神经科学着眼，或从灵性层面探索，抑或从心理治疗观点解释，大家都公认梦反映了现实的情境与经验，梦是具有生活脉络的。因此若要探究梦、了解梦，便需回到做梦者的生活情境与生命历程中，找出有用的素材并将其加以联想或联结，形成完整的意义。

丧亲的失落反应与调适过程

失落悲伤理论

根据《巴恩哈特语源学辞典》（*The Barnhart Concise Dictionary of Etymology*）的解释，“失落”这个词大约在公元 1200 年开始被使用，它与死亡、毁坏同义，最原始的意义为：被剥夺。亦可延伸为：“对那些拥有过的人或物，我们再也无法拥有了”。

谈失落反应之前，先要了解依恋关系，以了解失落对个人的冲击是如何影响到行为的。依恋理论（attachment theory）在 1980 年由英国精神科医师约翰·鲍比（John Bowlby）提出，他认为人在孩童时期，会对第一个重要的照顾者产生感情依恋，以获得生存所需的安全、抚育、支持与保证。即使人们后来随着成长，会转向在环境中寻求其他的感情依恋对象，却仍旧需要向原来的依恋对象寻求安全的保证与情绪的支持。第一个依恋对象提供的安全基础，将会影响孩子往后发展感情联结的能力。因为依恋行为是为了获得感情联结，这样的联结关系一旦遭遇威胁与危机，个体便会产生焦虑与反抗情绪，以防止联结关系被破坏、阻断的可能，并尝试与失落对象重新连接关系。

J.威廉·沃登（J.William Worden）以“悲伤”来表示一个人失去所爱的反应。除了死亡，悲伤也能代表其他失落经验。人适应失落的过程便可称为：哀悼。而悲伤可以进一步界定为：单纯的悲伤与复杂的悲伤。

单纯的悲伤是指遭遇失落后常见的许多感觉、生理反应、想法与行为等方面的反应。

在感觉方面，伴随的情绪包括悲哀、愤怒、愧疚、自责、焦虑、孤独、疲倦、无助、惊吓、渴望、解脱、麻木、放松等感觉。虽然有些感觉看似是不健康的反应，但其实是个体为避免承受不了痛苦而做出的防卫，并非“不正常”。

生理反应方面，会有胃部空虚、胸部压迫、喉咙发紧、呼吸急迫、窒息感、肌肉软弱无力、缺乏精神、口干等生理现象。

在认知方面，丧亲者会有不相信、困惑、怀疑、反复思念逝者、感到逝者仍然存在的想法。

在行为反应方面，丧亲者有失眠的现象，还会有无法进食、心不在焉、社会退缩、梦到逝去的亲人、避免提起逝者、寻找与呼唤、叹气、哭泣、旧地重游、珍藏遗物、坐立不安或过动等行为。

复杂的悲伤又称困难的悲伤，这是因为丧亲者无法悲伤所致。沃登指出有五个影响困难的悲伤形成的因素：

一、与逝者的关系。这是一个重要的因素，丧亲者与逝者之间高度爱恨交织的关系和隐藏未表达的敌意，是阻碍悲伤产生的常见原因。有时，死亡会重新揭开一些旧伤痛，例如有关虐待事件的感受。死亡会引发一些受虐者与施虐者之间复杂且具冲突的感情、想法与感受；与逝者之间高度依赖的关系也会使丧亲者难以产生哀悼情绪，个人会经历自我形象的改变，并且没有调整负向自我概念的能力。

二、失落发生的情境。一些会阻碍悲伤宣泄的特殊情境，使得丧亲者的悲伤难以获得释放。像是不确定的失落、生死未卜，使人无法完成悲伤过程。还有像是多重失落的困难情境，如地震、天灾、火灾、飞机失事或意外事件，同时夺走许多人的生命，使人一下子就有许多失落对象。

三、过去的经验。过去处理悲伤时曾遇到困难（比如无法完成、无法宣泄悲伤）的人，在面对新的失落事件时，过去的经验会影响现今悲伤的表达与宣泄。

四、人格因素。这是指个人的性格特质会影响克服情绪压力的能力。自我概念也可能是阻碍悲伤的人格因素，如果一个人认为自己是强者，应该是强者，他便无法顺利经验失落带来的深层感觉。

五、社会因素。悲伤也是一个社会过程，若失落事件是社会不允许谈论言说的，例如自杀、流产、堕胎、他杀等，悲伤的宣泄便会相当困难。亲友通常会对死亡事件保持缄默，形成共谋的沉默。

K.J.多卡（K.J.Doka）特别指出，有些悲伤是被剥夺了权利的（disenfranchised grief），既无法公开哀悼，也不能公开承认，并且无法获得社会的支持。因为所处的社会环境不承认这类失落的重要性，也拒绝给予丧亲者公开表达的机会，这些因素暗中破坏了悲伤的过程。

被剥夺哀悼与支持权利的悲伤有以下几个类型：

第一种情况是丧亲者与死者的关系未被社会认可，通常是没有血缘的关系，如朋友、恋人、邻居、养父母、姻亲、继父母、继子女、同事、照顾者、室友、师生、前妻、分手的恋人、同性恋者、婚外情对象。

第二种情况是失落的事实未获社会认可，通常发生于主流文化不能为死者提供公开的悼念仪式的情况下，如流产、胎死腹中、堕胎、死产、宠物死亡等，同时社会也没有提供相关的支持给有此类经验的人。

第三种情况是丧亲者本身未获社会认可，丧亲者因为个人能力存在缺陷或年龄因素而被主流文化认为没有悲伤的能力，如幼儿、心智障碍者、老人、精神病患等。

第四种情况是死亡的形式未获社会认可，当死者死亡的形式为社会所不允许，如被执行死刑、自杀、艾滋病，丧亲者便无法获得社会的支持。

第五种情况是个人表达方式的差异，这也可能会剥夺表达悲伤的权利。个人对悲伤的某些表达方式是不被支持与允许的，例如有些人的悲伤反应是直觉性的，他们会以强烈的情绪表达内心的焦虑与痛苦；有些人是工具性的，他们会尽快解决失落引起的各种问题，不愿意分享心中的感受，这使得他们表面看来似乎对失落的反应没有特别的感受。悲伤反应过于强烈与冷静，皆是社会所不支持的表达方式。

由此可知，悲伤是失落时常见的反应，若无法顺利哀悼悲伤，或被剥夺悲伤权利，那么丧亲者的身心、社会关系皆会深受影响，甚至演变成困难复杂的悲伤。L.J.舒普（L.J.Schupp）将这些复杂的悲伤扩充为慢性的悲伤、延宕的悲伤、夸大的悲伤、伪装的悲伤、未解决或多层次的悲伤与多重的悲伤。

悲伤调适过程

S.R. 舒赫特（S.R.Shuchter）与 S. 齐苏克（S.Zisook）认为常态悲伤的调适阶段与反应可分为三个时期：

第一个时期的表现是震惊、否认及拒绝接受，此时期会维持数小时到数周。丧亲者此时对至亲死亡有震惊、不能置信的反应，伴随麻木（失去感觉）、否认与抗议。

第二个时期是严重或剧烈的悲伤时期。丧亲者会有生理与情绪上的痛苦，并出现社会退缩的现象。此时期将持续数周到数月。反应有生理不舒服、情绪起伏不定、社会退缩、怀念死去的亲人时会感到痛苦与哀伤等。

第三个时期是重建及恢复时期，可能发生于丧亲数月至一年间。丧亲者此时会体会到生活仍然有美好的部分，不再感到不顺或充满问题，觉得有能力去经验幸福，并尝试发展新友谊。

也有研究将上述过程分为五个阶段：震惊、麻木、否认；经验分离及痛苦；绝望感（可能会感到生气、内疚、自怜、易怒……）；接受事实；决心力、重组。

亲人的死亡可说是人生最大的失落，无论分几个阶段来论述悲伤的过程，丧亲者都会遭受情绪的波动、生活的变动与家庭的解组，这可说是一种危机。

性别也是影响悲伤反应的一项因素。C.M. 帕克斯(C.M.Parkes) 认为社会压力会影响男性的悲伤经验，而女性展现的焦虑与忧郁比较强烈。虽然女性被容许哭泣及表达悲伤反应，这对其悲伤工作有所帮助，不过女性的悲伤一旦不被了解就容易被视为脆弱或歇斯底里，这仍然会对悲伤的哀悼造成阻碍。而男性面对悲伤的反应多以愤怒与攻击的情绪或行为来表现，这也是导致男性暴力或自杀率普遍高于女性的原因之一。

悲伤调适所需的时间视变因的不同，而有不同的调适期时长。根据研究，预期性悲伤（例如因长期伤病而可预见的失落），悲伤调适从两年到四年不等；死者因意外惨死而带给丧亲者的悲伤，恢复期通常是四至七年，而且有可能是无限期。

沃登提出度过悲伤的哀悼过程必须要付出心血，努力地完成四个任务，这样丧亲者才能完成失落适应的过程。第一个任务是接受失落的事实；第二个任务是经验悲伤的痛苦；第三个任务是重新适应逝者不存在的新环境；第四个任务是将情绪的活力重新投注在其他关系上。

完成悲伤的适应与成长之路后，丧亲者或许并不能恢复原状，但在悲伤失落之际找到适应与成长的新方式，或许也是悲伤康复的另一种界定。回到原点其实已不可能，因为对丧亲者而言，遭受失落后的生活已经彻底改变，对往后的日子来说，生命都已经包含悲伤的经验了。

创伤性失落与悲伤

我特别提到创伤性失落与悲伤，是因为有一大部分的丧亲者经验到创伤性的失落。某些丧亲者的亲人死于惨烈的车祸，有的死于意外。创伤性事件常常事出突然，具有非预期性，充满了创伤影像与强烈的情绪反应；相较于可预期的失落事件，其悲伤反应显得复杂，哀悼过程也比较困难。

以下特别针对创伤性失落与其悲伤反应加以解说。因为本书提到的许多当事人都是非预期丧亲者，是由不同的创伤性失落事件导致的死亡所造成的。为了更了解创伤性失落与悲伤的特性与学理，特别在此提出。

创伤性悲伤定义

由创伤性事件（traumatic events）的失落引发的悲伤，多半容易造成创伤性悲伤（traumatic grief），这类悲伤症状与“创伤后应激障碍”（post traumatic stress disorder，简称 PTSD）类似。但“创伤性事件”并不等于“灾难”，两者概念并不完全相同。W. 金斯顿（W.Kingston）与 R. 罗瑟（R.Rosser）的定义:“灾难”是“大众集体压力的情境”;“创伤”性事件就《精神疾病诊断与统计手册第四版》(DSM-IV, 1994）描述，为个人经历、目睹，或面对实际会威胁到自己与他人死亡或严重受伤，或者一种威胁自己或他人身体完整的事件，因而产生严重的害怕、无助、恐惧的反应。这类创伤性事件如灾难、战争、自杀、他杀、强暴、意外、暴力等，均能引发个人强烈的痛苦。

创伤性事件包含灾难与其他非灾难事件。创伤性事件导致创伤性死亡，这类死亡容易使幸存者有“创伤”、“悲伤”及两者交错的性质。若只注意创伤而未注意悲伤，或只注意悲伤而未注意创伤，其悲伤之解决就可能发生障碍。创伤性悲伤的症状和悲伤相关的抑郁症不同，前者主要以寻找、思念、想死者想得出神、回避反应等症状为主；后者以无价值感、感觉／动作迟滞、冷漠、悲伤、无助等抑郁症状，以及害怕、紧张、出汗等焦虑症状为主。

遭受创伤的身心反应

受创者因为受到过度惊吓与感到威胁，产生过度恐惧、震惊与害怕的情绪反应。在历经危及生命的强大压力下，这时生物机制出于本能，会立即将危险信息传递到丘脑，再传到大脑各区域去处理。此时去甲肾上腺素上升，使生理与心理产生警觉，并促进情绪动力。这时情绪动力要立即处理的是战斗或逃跑，也就是要决定如何反应才可以保留一命。因求生反应被激起，认知记忆功能便受到限制，使得受创记忆经常是片断、破碎、凌乱、混杂的，只要一回想起创伤，情绪就十分活跃。

C.R. 菲格利（C.R.Figley）提出，受创后的“创伤后应激障碍”为个人处理关于创伤压力源记忆的一组意识和下意识的行为和情绪。被记住的创伤语言，最初并非是理性的语言结构，而是身体、行为或视觉感官的语言，也就是由身体感官所记录下来。因为其苦痛太大，在还未充分以语言表达时，受创者会以无数的、无止境的、迂回的反复播映方式，叙说其创伤经历。

创伤性失落的悲伤反应

创伤性事件造成的失落与死亡经常含有残忍的记忆，回想常让受创者感受到崩溃般的情绪。创伤的回忆在欠缺协助的情况下，难以统一整合至个体的生命线，形成连贯完整的生命故事。

个体在历经灾难与创伤性事件时，其心理结构就像陷入混沌的状态，从此混沌结构要再回到秩序建立的动力平衡是一个漫长的过程。当受创者因创伤性事件而失去心爱的人，一方面会希望避免想起和这个骇人事件有关的记忆，另一方面又希望可以保有关于逝去的亲人的鲜活(永驻人心)的记忆。对幸存者而言，“记”与“不记”间，是万般地为难。

根据V.R.派因（V.R.Pine）指出其产生的行为：人随着“失落”和“受到失落的威胁”而产生的行为反应，一种是在听到或得到不幸消息当时立即自动反应；另一种是“调整的行为”，当失落事件发生一段时间后，人们怎么去调整自己来适应改变的事实，接受既成事实，修正个人行为来应付新情况。一旦个人接受失落的威胁刺激，他会重新安排时间、空间与社会等层面的规划与看法。

悲伤，正是一种调适机制。处理与面对被改变的生活世界，其中涵盖对害怕、恐惧、哀伤、无助、无力、愤怒等情绪的控制。就功能层面来看，悲伤的反应能为人带来支持与安慰，是一个人有所失落的警示。

因为生存环境、身心内外遭受破坏而有所失落，因此产生许多情绪与认知反应，包括一开始不相信事情真的发生了，之后质疑事件为什么会发生，愤怒也伴随而来，那是对发生失落事件的一种抗议情绪。另外，典型的反应还有罪恶感与指责他人，一定要找出为事件负责的人。自暴自弃也是常见的反应之一，无法注意到周遭事物，对自己也失去注意力，常有目光涣散、沮丧、气馁、无望的反应。

人遇到失落威胁时，会体会到自己或生命本身的脆弱与无助，因此内心会产生不安全感，也需要受到许多关注，像是想紧抓着人、想告诉他人自己发生了什么事，或想求别人替他挽回失去的人或事物。

创伤性悲伤是明显地强制回忆某个意象或感受的现象，经常发生于创伤性事件的幸存者，并伴有死亡焦虑的问题。创伤性悲伤大都由创伤性事件所引发，但有些非创伤性事件也可能导致个体的创伤性悲伤。例如早期在恋附关系中受到虐待、忽略、共生依赖、长期分离等成长背景，或者失去一段不寻常的关系而导致不稳定的扭曲反应，也可能造成心理创伤。

由此看来，创伤性事件的悲伤反应和一般悲伤反应最大的不同在于哀悼的困难与复杂的悲伤反应。T. 兰多（T.Rando）将这种非一般的悲伤反应称为“复杂性哀悼”，也就是自死亡发生后，个人需要大量的时间哀悼，并且可能一直不能完成哀悼过程。兰多进一步提出，复杂性哀悼是六个必须健康哀悼的过程，有一个或数个过程为妥协、扭曲、失败的状态。这六个必须健康悼念的过程包括：

一、觉察与认识死亡：承认死亡，了解死亡。

二、对分离的反应：经验痛苦；感受、指认、接受，并以某种方式表达失落的所有心理反应，并哀悼次级失落（Second Loss）。

三、回忆与再经验逝者，以及上逝者的关系：符合现实地回顾，回想且重温感受。

四、放弃过往对逝者的依恋，以及原有的预设世界。

五、调整并适应新生活，也不忘记旧生活：与逝者建立新关系，采纳新的处世态度，建立新的认同。

六、再投注于新生活。

所谓创伤性死亡的悲伤，是客观认定由创伤性情境、非个人心理主观经验引发的创伤感。造成创伤的特殊死亡的特点有：

- 突发性、完全出乎预期的
- 暴力、凌虐以及毁灭性的

▪可预防性或随机的

▪多人死亡

▪丧亲者亲身经历死亡，个人生命受到重大威胁，或亲临他人死亡与致残，产生重大且震惊的冲击

突发性及出乎预期的死亡事件，对丧亲者的内在世界产生相当大的影响与破坏，无论死亡是否具有创伤性伤害，对丧亲者的主观世界而言，都已造成创伤，不仅使丧亲者备受打击，完全丧失因应能力，引发的情绪更是混乱复杂，几近失控。丧亲者因此不得不在生理、情绪上感到震惊、愤怒与害怕，并使哀悼过程变得极度困难，形成复杂的悲伤。

丧亲者的梦

丧亲者的梦是本书的重点。虽然台湾岛内目前对丧亲者的丧恸梦未有太多研究或探讨，外国倒已经有不少讨论。甚至，美国在2005年就出版了一本专书《悲伤梦》（*Grief Dreams*）。我在这里尝试介绍一些关于失丧后的梦理论。事实上，这跟我如何理解丧亲者的梦有很大的关联。

P. 加菲尔德（P.Garfield）曾提到丧亲者的梦往往鲜明而充满情绪，以某种有意义的方式影响丧亲者的感情世界。悲伤治疗大师沃登认为梦见逝者通常与哀悼过程同步，也常反映出卡住、无法顺利进行的哀悼任务。当丧亲者梦见逝者栩栩如生地出现在梦境中，醒来才惊觉逝者永不再返，这样的梦多半是第一个哀悼任务不全的表征。当梦协助丧亲者整合混乱的感情时，便进行至第二个任务。丧亲者经历第三个任务时，会梦见逝者回来，针对生活难题提出忠告或指引，协助丧亲者减低焦虑，找到解决之道。第四个任务是关于后续的生活，梦中情景则是协助丧亲者找到新的联结方式。因此沃登建议，可以从丧亲者梦见逝者来了解其悲伤工作的进度。

S.A.赫斯（S.A.Hess）曾以希尔“认知－经验”梦工作模式，加上沃登悲伤的四个哀悼任务为基础，来进行丧恸梦的讨论。

任务一：在接受失落事实的这个任务中，丧亲者在梦中靠向所爱，却不可触摸与靠近，反映丧亲者想与逝者形体接触的渴望。当丧亲者意识到所爱已逝，希望也就远去，便会感到难受与强烈的失落感。

任务二：经验通体悲伤的痛苦。丧亲者可能在梦中哭泣，有强烈的情绪，并在梦中再次经验逝者死去的情节与过程。

任务三：适应逝者不在的新环境。丧亲者可能在梦中经验逝者的鼓励与期许，期望他超越痛苦，继续鼓起勇气接受生命的挑战，重新找到生活的新方向。

任务四：将情绪的活力重新投注在其他关系上。在这个任务中，丧亲者借由梦体会新方向与能量，有能力追求与处理其他事物，并感到自我效能的提升，发展新的自体感。

赫斯认为丧亲者梦见已故亲人的梦常被视为逝者的礼物与信息，即使梦到伤痛与苦难，对丧亲者来说仍然重要。死亡造成依恋关系断裂，然而丧亲者经由梦，渴望依恋的欲望便能重新取得联结，并持续到完成四个任务、找到记忆逝者的方法，直到不需依赖逝者的形体为止。

雷与普赖斯指出悲伤梦是具有疗愈力的。借着梦，丧亲者可以重新联结与逝者的关系，并且回到没有经历改变的地方：一个逝者仍旧居住的地方，一个不存在悲伤的地方。在每一段悲伤的旅程中，悲伤梦提醒了丧亲者，逝者仍是生活里的一部分。

关于悲伤梦的形态，雷与普赖斯进一步将其分为以下四种。

一、探视梦：许多丧亲者皆做过这种类型的梦，它像是“最后的探访”，逝者在梦中也许沉默，抑或忧郁，但都像一种告别。

二、信息梦：丧亲者经常在这一类型的梦中收到逝者给予的一些重要信息或指示，甚至是警告。像是提醒丧亲者注意身体健康，或告诉丧亲者不要工作得太累等，这些信息常是清晰且简短的。

三、放心梦：这类梦经常有逝者出现，告诉丧亲者他们在另一个世界过得很好的情节；也可能是逝者在梦中保证丧亲者能获得好工作或做对某些事情。

四、创伤梦：大部分令人不安的悲伤梦都是创伤梦。它常以倒叙的方式呈现早年的悲伤经验或特殊的创伤死亡事件，例如自杀或意外。创伤梦总是让丧亲者经历无力感、害怕、恐惧等情绪。

他们认为悲伤梦带来的疗愈力包括：

▪ 降低震惊的感觉，减少憾事带来的痛苦。

▪ 协助处理情绪，修复并重建一些感觉。

▪ 协助内在重新安排、建立与逝者之间的和谐关系。

▪ 为人带来完整感，因而可以创造通往未来的桥梁，使人的生命能有所移动。

A．肯尼迪（A.Kennedy）也将丧亲后的梦分成：

一、逝者向做梦者保证，虽然死亡已经发生，逝者仍可接近，且不再受苦。

二、显示与做梦者的关系已改变，但没有结束。

三、关系中未解决的议题仍可被提起，或被积极谈论。

四、逝者给予做梦者支持或指引。

肯尼迪同时认为梦会随着悲伤的进展而有所变化。悲伤初期，当一个人仍深受死亡事件的冲击时，他的梦会反映震惊与否认的情绪，这是一个人努力要整合新信息到现实时的早期阶段主要反应：震惊与否认能缓冲失落的全面性影响。另一种可能是不断在梦中寻找逝者，却总不如愿，这样的梦通常会在哀悼的人接受失落事实后停止。

但死亡事实的打击，常常引发内在强烈的情绪潮。这时，梦并不会只局限于梦见与逝者相关的情节，还可能会梦见像是遇到海啸或暴风席卷，或行走在黑暗中。这些梦反映了旧结构的瓦解及原始情绪的涌出，两者都会产生失控的感觉。

如果一个人在深度悲伤中有紧抓悲伤不放的情况，即使精神上已准备让它结束，却会拒绝再进入日常生活的活动现场。这可能会发生在逝者出现在梦中，鼓励或告诫做梦者继续过生活。

在悲伤中期，梦的内容常常会随着悲伤与做梦者接受死亡的情形而改变。为了使做梦者活得更真实与重获活力，梦会向做梦者挑战。这时梦提示的是新的可能、方向与希望，因此可能会反映对外来改变的兴奋之情，却也可能响应面对改变产生的抗拒、犹豫与疑惑。

悲伤后期的梦经常反映与已故亲人内在关系的改变，这时丧亲者应该已经相信关系会持续以另一种形式存在，不需反复梦见逝者以确认关系。即使不再梦见已故亲人，丧亲者也会明白他与已故亲人之间仍有联系。

关于创伤者的梦，霍布森认为承受侵入性及破坏性创伤的人，可能会在睡眠中出现侵入性及破坏性的情绪经验，这些经验便造成脑部的活化。如果人清醒时，不愉快的经验萦绕心头，睡眠时的精神活动也会受经验主宰。

因此，对创伤性悲伤者而言，梦见创伤性相关情境可能是常出现的经验，而梦中带有的强大破坏性情绪，可能会让创伤性悲伤者产生严重的心理困扰或睡眠障碍，使其身心受到更大的影响。创伤性的丧恸梦往往需要诉说的对象，当我们有对象可以倾诉，就有机会抛掷创伤性的悲伤经验，或者借着心理咨询的梦工作，处理复杂纠结的悲伤情绪。

关于如何接收丧恸梦的信息，借此了解自我内在的变化与悲伤状态，会在本书最后两章有更多的说明。

第四章　丧恸梦与悲伤哀悼任务

丧恸梦可能会促进丧亲者面对他所需要完成的哀悼任务，哀悼任务的完成进展也可借由丧恸梦来了解。两者相互影响，相互对应。

悲伤治疗领域最著名的理论莫过于沃登提出的悲伤哀悼任务，他认为唯有完成四个哀悼任务，人的悲伤才得以完成。因此，本章以悲伤哀悼任务的观点，来叙说丧恸梦与悲伤哀悼任务是如何呼应，又是如何相互影响地往前进行的。

第一个哀悼任务：接受失落的事实。此任务的梦特征为丧亲者在梦中靠向所爱，却不能切实触摸与靠近，反映丧亲者想与逝者形体接触的渴望。当丧亲者梦见逝者栩栩如生地出现，醒来才惊觉逝者永不再返，这样的梦多半是第一个悲伤哀悼任务不全的表征。

第二个哀悼任务：经验悲伤的情绪痛苦。梦中有各种复杂的情绪产生，丧亲者会在梦中经验或表达内在复杂的失落痛苦，并在这些梦中，尝试慢慢整合各种复杂纠结的情绪。

第三个哀悼任务：重新去适应逝者不存在的新环境。这个任务经常是丧亲者会梦见逝者回来，针对生活难题提出忠告或指引，协助丧亲者减低面对生活情境的焦虑，找到解决之道。

第四个哀悼任务：能将情绪活力投注在其他关系上。这是关于后续的生活，梦中情景则是协助丧亲者找到新的联结方式，像是清楚知道逝者已是不同世界的人，但仍可以有所联系。

我从许多丧亲者叙说的丧恸梦中发现，频繁出现的任务是"接受失落的事实"。我们或许可借此理解接受失落的事实，对丧亲者，特别是非预期丧亲的当事人的挑战与困难有多大。还未准备好道别、充满残忍画面的死亡、现实生活的困难、感情关系的纠葛与人格特质的影响，都可能延长"接受失落的事实"的哀悼任务过程。

当内心无法"接受失落的事实"，其他任务出现的可能性会很小，或者可以说，当"接受失落的事实"的哀悼任务无法顺利过关，丧亲者也无法顺利走向下一个任务。

沃登认为，梦见死者通常和丧亲者的哀悼过程同步。走在哪一个任务上，梦的主题便会显示丧亲者正在经历的哀悼任务。

因此，丧恸梦中欲完成的哀悼任务和现实完成的哀悼任务是一致的。若有无法疏通、无法完成的哀悼任务，丧亲者便会持续梦到同一任务特性的梦。其影响与作用是双向的，丧恸梦反映了现实哀悼任务的完成状态，同时因为梦经验，丧亲者可以凭借梦情境而再度有机会完成哀悼任务，好比梦见和逝者如往常般互动相处，但醒来深刻地认识到此人已不复存在，当下便再度面对失落的事实，再次适应失落造成的改变。

所以，梦可能会促进丧亲者面对他所需完成的哀悼任务，哀悼任务的完成进展也可借由梦来了解。两者是相互影响、相互对应的。

但丧恸梦的经验不一定会让哀悼任务立即获得完成，但必定会产生影响。在反复不断的经验下，个体可能会产生新的自我结构来面对哀悼的任务，却不一定能立即获得改变。

我们根据丧恸梦的内容与情节，应不难判断个体的悲伤哀悼任务完成的状态与进程。

后面我会尝试以一些梦的内容与情节来说明不同的哀悼任务。

哀悼任务一：接受失落的事实

薇妮是我的一位读友，她因为父亲生病而接触了我的书。之后我们书信往来，在信件中，她总会与我分享梦到父亲的内容。

薇妮的父亲在六七年前在工作中突然心肌梗死而被送进

急诊室急救。当时薇妮二十一岁，因为放暑假，她一个人在家，在完全没有心理准备的情况下听到这个突如其来的噩耗。薇妮赶到医院时，医师拿出一张“到院前已死亡”的告知单要她立刻签名。

薇妮从医师手中接到父亲死亡的告知单，没有任何感觉，脑子一片空白，只觉得恶心想吐，她跑到医院的洗手间干呕，她没有哭，只是一直吐。但她没有多想什么，也不被允许软弱，只能硬着头皮面对家庭与生活的剧变。这样的日子，薇妮过了二十个月，从父亲出事送到加护病房的两个月，再到护理之家，薇妮都过着一样的生活。薇妮让自己习惯这样的混乱与忙碌，对她来说，那二十个月，父亲的身体虽然还在，但其实在她收到“到院前已死亡”告知单时，当她知道所有的医学信息都显示他很难恢复时，她就觉得父亲已经不在了，不在她的生活中，也无法关心她的生活过得如何。一切，都只能自己应付了。所以她在理智上告诉自己，父亲其实已经不在了。

虽然理智上“知道”父亲因为心肌梗死而不省人事、被诊断为脑死亡，但感情上，薇妮并没有“接受”父亲的离开与消逝。有五年的时间，薇妮都会梦到父亲如平日一般出现在她的四周；她到美国求学，梦里父亲便会到美国探望她。或者，薇妮在梦里仍要面对如何照顾父亲的问题。

后来，过了五年多时间，薇妮才做了一个代表父亲已经过世的梦。这个梦似乎显示她真正接受父亲的死因。有很长一段时间，薇妮梦中的父亲似乎没生病，不然就是中风或精神疾病，没有一次显示出真实的病因：心肌梗死。薇妮内心一直不想承认、不想面对父亲因为心肌梗死变成“植物人”的事实。她说那代表他们家是不幸、可怜、悲惨的，那是一般社会大众对家里有植物人的观感，所以她不想、也不敢承认。

在这个和现实状况相当吻合的梦中，只有她最清楚父亲的情况很危急、需要急救，别人则在状况外，完全不知道事情的严重性。在梦中，她仍旧对着电话清楚报出家里的地址及父亲的状况。她甚至知道要大声说，让救援人员立刻知道地址，不要再花时间报第二次，延误送医时间。

读着她的梦，听着她叙说这个反映真实情况的梦，让人难掩激动情绪，深刻感受到她的情绪波动。虽然薇妮说她不明白怎么突然做了这她的个梦，我却感觉，历经了无数次琢磨、无数次的修通，薇妮才真正接受了失落和父亲的死亡。我相信，这是因为她内在有了力量和勇气来面对这生命中难以承受之重。或许，薇妮尝试借由这个梦，让她和父亲的爱恨情仇告一段落。也许在这五年里，薇妮不断在梦中修复和父亲之间的关系，当她不再愤恨、不再纠结时，才能好好面对“死亡”的到来。

我梦到我爸，这次特别不同，我和他说话，他也和我说话。我和他有肢体接触。这也是我第一次梦到他真正的病因！

我记得的片段是：我、爸爸还有我几个朋友，和亲人在一个类似客厅的空间中，我离他最近，其他人离我们较远，各自忙着……

他忽然发病，无法呼吸。我很急，大吼大叫："快叫救护车，打119。"

我大吼、大吼、大吼，心里好急……

但是，别人好像都不急，我当时一手托着他无力倒下的身躯，一手握着他的手（握得很紧），仿佛我一放手他就会死去。

旁人不知道事情的严重性，这让我很生气，我只好放下他去打电话。但是，无线电话又坏了，接不通。我只好换一个电话，一接通，我立刻大声报出家里的地址，并说："病人心肌梗死，现在没有意识。"

从他发病到倒下，就是我一手托着他，一手握着他的手时，他跟我说话，我想是说病情一类的事。那时，我觉得我把他抱得好紧好紧，那是我几年来好想做却没做过的事……

薇妮在梦里终于真切体验到父亲真实的死亡情况：心肌梗死；同时，她也意识到自己真的无力挽回。即使她清楚要立即呼叫救护车，并大声对着电话报出家庭地址，但父亲的死亡,却是不可改变的事实。薇妮在梦里清楚知道不能放开父亲，一放开，他便会离去。薇妮在父亲过世五年后才梦到这个梦，是第一次意识到父亲即将消失的梦。

在梦的经验中，薇妮真切地体会到失去父亲的丧恸；梦也让她再次得到挽救父亲的机会，那是父亲发生意外时，她没做与做不到的事。借着这个梦，薇妮弥补了未竟的遗憾，终于有机会完成内心想做的事。虽然梦的结果是她仍旧未能挽回父亲的性命，但她表达出了自己内在的渴望，而不是徒留遗憾。另一方面，或许我们也可以说，薇妮愈来愈意识到父亲已过世，并且接受了这一事实，才能打开心门，让自己置身危机中，体验自己在这一危急时刻的意念与想望。

我一再强调，这个“接受失落的事实”的梦是薇妮失去父亲五年后梦到的，而我无法回到家乡见父亲最后一面的“接受失落的事实”的梦，是我在失去父亲十二年后梦见的。因此，“接受失落的事实”若一直被个体排斥、回避或防卫不接受,那么从不接受到接受的时间也就会很漫长。我和薇妮一样，都不想承认自己是一个“没有爸爸”的女儿。若不接受父亲已死的事实，我们的生活可以维持原本的面貌，至少我们心里不需经历缺乏与不足，也不需被迫面对长久以来与父亲之间的爱恨情仇。

因此，我们可以理解，丧亲者内心还没有力量面对死亡事实的时候，便代表这个事实危及他的生存信念与意志，所以“暂时”选择不接受。这是个体的防卫机制，这种防卫机制是必要的。

我的另一位读友依人，失去了交往八年的男友。当依人接到电话通知后到达医院，映入眼帘的是触目惊心的画面。她看见男友杰全身裹着纱布，纱布染满鲜红的血，身上插了一堆管子。男友因为车祸损伤严重的身体，让依人不得不认识到事态的严重性。那一刻对她而言，已经形成了创伤性的记忆，包括宣告式记忆与内隐的情绪记忆。她不仅忘不掉男友受的伤、遭受的苦痛，也难以忘却自己在这段创伤经验里感受到的害怕、担忧与悲伤。

依人的男友是她的初恋，他们从大一认识后交往长达八年。十八岁对依人来说，是刚刚离开家乡、离开家庭的保护，学习独立生活的课题。

青少年晚期（十八岁至二十二岁之间）的个体正在读大学或求职。在此期间，他们会重视职业的选择与亲密关系的发展，以及从原生家庭或父母那儿争取自主权。与父母分离是青少年晚期的发展指标，这样的分离是一种正常的生活转变。依人在此发展阶段认识了男友，和他发展了亲密关系，也渐渐将对父母、家庭的依恋感情转移到男友身上。这是正常的生活转变。在这样的转变中，依人和男友稳定且亲密地发展成彼此重要的感情投注对象。

在学校生活时，他们共住；毕业后，除了男友去当兵的日子，他们依旧共住。长达八年的陪伴与相处，依人与男友共同经历了人生的许多经验，也分享了彼此生活的点点滴滴。在生命转入成熟阶段时，依人和男友是彼此生命里最了解自己的那个人。虽然依人失去的对象并非是生命早期的重要依恋对象，却仍足以让她感受到日常生活的瓦解，甚至产生危及生存信念的失落。

对依人而言，在人生刚开始发展自我独立的阶段便遇见了男友，男友自然成为她感情与生活稳定的陪伴者。两人亲密相处，除了男友当兵那两年她有过短暂的分离经验，两人几乎没有分开过。家乡是同一处，小时候生活的范围也十分相近，读的大学又是同一所，有许多共同的朋友。依人和男友的共同点、相似处密密麻麻联结成稳固的网络，将两人紧紧联结在一起。

即使男友去当兵，两人也照样一日三餐通电话，每个礼拜相见。对依人来说，那已是相当难熬的经验。在生活上，她几乎离不开男友。她不只依赖男友的感情呵护，也依赖男友在生活上的照顾。在她的生命中，男友是她从小到大遇到过的最无条件爱她的人。因此依人和男友的关系是强烈的依赖关系，这份依赖关系有依人内在渴望的爱与呵护，有生活的安稳，有不离不弃的相依。

男友和依人的相处方式是尊重依人的一切，依人在这种关系中不仅能充分做自己，也能得到支持与关注，让她感受到自己是受到宠爱与接纳的。她不需要委屈或改变自己。在这段爱情关系中，依人真切感受到自己时时刻刻被在乎、被关爱。

因为生活中充满男友的身影，两人具有的共融状态，致使依人在经历男友的骤逝后，产生身心、生活功能、职业功能等方面的危机，因为她自己有一大部分随着男友的消失而失落，一度找不到属于自己的人生方向、目标与意义。原有的人生方向、目标与意义都是和男友一起共同搭建的，男友的缺席势必使这些方向、目标与意义全部中断，无法进行，甚至彻底毁坏。

依人的生活世界可以说是一分为二的，男友骤逝后的日子是全然的陌生与未知的，是她从未经验过的，这也造成了她对未来的恐惧与担忧，更常感到自己没用、无价值与无意义。

因此对依人来说，接受男友死亡的事实是莫大的折磨，她不想也不愿意接受，即使身边所有人都告诉她“接受事实吧”、“放手吧”、“赶快再交一个男朋友吧”……她仍旧难以忘怀曾经相知相守八年的感情。

我们可以从以下依人的几个梦，体会“接受失落的事实”对她来说有多困难。

梦一

梦中，杰打电话给我，我接到电话时很激动很激动，问他：“你怎么都没打电话给我？你在哪里？”我一直问一直问。但他却没有回答。我很直接、很激动地说：“你到底去哪里了？我已经很久没有听到你的声音了。”他好像回答了什么，但我听不清楚，电话就突然断了。我想，怎么没有跟我说清楚呢？于是，我回拨电话给他，可是电话怎么也打不通。

梦二

杰过世半年后的某天，我又梦见他。这次我回到我们一起住的屋子。一开门，我看见杰戴着安全帽，穿着整套的防护装备，穿戴整齐地坐在电视机前看摩托车赛。我看到后，知道那是杰喜欢做的事：看摩托车赛。我了然于心地说：“哦，又在看摩托车赛了。”

这两个梦大约相隔半年，从梦的内容可看出依人在梦里尝试寻找男友的去向，并好似一切都没有改变，了然于心地说："哦，又在看摩托车赛了。"

对依人来说，接受男友已经死亡的事实是极度困难的任务。若可以，依人一点都不愿相信这件事真的发生了。但现实生活中，这个人又"确实"不存在了。这种现实生活带来的冲击，使得依人必须借由梦来处理"男友为何不在身边"的疑惑（在第七章"梦境自我尝试解决问题"，我会继续诠释依人的梦带给她的意义）。但至少我们在此处，可以通过依人的两个梦例了解到，有时丧亲者是极不愿意接受与面对失落的事实的。正因如此，他们的梦境必须要重复面对这个任务，直到他们慢慢调整，渐渐接受死亡、至亲挚爱已不存在的事实。如此，他们才能完成这个任务，继续处理下一个任务，或者完成所有的任务。

哀悼任务二：经验悲伤的情绪痛苦

悲伤哀悼任务不一定按照顺序发生与进展。有时，发生失落后的情绪痛苦会先发生。

薇妮失去父亲后的第一个梦是关于大洪水的梦，这是个充满情绪性的梦，和失落大有关系。

第一次梦见爸爸，是一个发大水的场面，黄澄污浊的水淹盖了屋子，家中所有的家具都随着水的冲击而漂散。我们一家四口各自抱着柱子或漂浮物保命。我抱着一根柱子，无力地看着所有家具漂走，一切都付诸流水。我的家被毁了，我却好像什么都不能做、无法做。如果我没有力气，抓不住那些贵重、有价值的家具及物品，那么我可不可以抓住一个轻薄的、可以让我们装点吃的东西，好继续活命的泡沫塑料碗呢？

没有办法，我一点力气都没有。我只能看着泡沫塑料碗漂过眼前，我拉不回来，无法留住什么……

薇妮这个梦发生在她父亲病倒住在加护病房那两个月间。那时生活的剧变对薇妮的冲击很剧烈，如洪水般淹没她的生活世界，打乱了她的生活秩序，一切都毁了。薇妮的梦正显现了她的处境与感受。水能载舟，亦能覆舟，水是大自然的强大力量，当一切都超出控制范围，水便成为毁灭的力量。

但在这个梦中，家里四个人的命都保住了。或许对薇妮来说，即使如她所说，理智上她认为父亲是救不活了，她清清楚楚地知道现实状况是什么，但心里仍旧觉得一家人还是在一起，没有失散或失去谁。只是物质的家没了，家具被冲散了。然后，她得面对洪水冲击时的感受:无奈、无助、无力、害怕与恐惧……

这些感受很复杂，虽然性命保住了，家却毁了，家庭的物质条件都消失了，这是一种重大的失落。对薇妮来说，父亲成了脑死的病人，正意味着家不再稳固，家被毁了。薇妮最为强烈的感受便是无助与无力。

敬儒的弟弟暑假和同学去戏水，却不幸溺毙。对敬儒来说,这也是难以接受的事实,他的第一个梦是关于“分离”的。敬儒在分离的氛围中，终于面对弟弟的离开与自己的不舍和难过。

我梦到我和弟弟在火车站，我知道他要搭火车离开了。我问他:“不要走，好不好？”他摇摇头。

我再问:“多待一会儿不行吗?我希望能多陪你一会儿。”隐约中，我好像知道他离开后，我们将好久不能见面了。

他只是摇头，简单地说:“时间到了，我必须要走了。”

我很难过，但我知道我留不住他，无论我说什么、做什么，他都必须离去……

这个梦是充满悲伤情绪的，敬儒将弟弟的死亡比拟成远行。过去，敬儒和弟弟有很多分离经验都是在火车站，因为两人都读外地的学校，返校时间不一样，常常相互送行。

通过送行的情节，敬儒便经验了分离的悲伤。

虽然在火车站和弟弟告别是熟悉的情境，但敬儒在梦里却真实感受到这一次很不同，他隐约知道无论自己说什么、做什么，都留不住弟弟。

这是一种沉闷并非外扩式的悲伤。这个梦不重“表达”，而在于“明白”。对敬儒来说，这个梦或许也具有“接受失落的事实”的任务。

在许多情况中，第一个任务与第二个任务常会同时发生。当人接受失落的事实，紧接着便是强烈的悲伤情绪、强烈的痛；当人意识到一个人或一件物品真的消失，不再复返，感情的剥离与落空便发生了。那时，人的生理、心理、灵性都将经验到痛的感觉。

即使在失落的梦里并没有强烈知觉到痛，但醒来后，也可能因为经验到落空而感受到强烈的痛。这种情形常发生在梦里和失去的亲人如往常般相处，好像一切都没改变，醒来后却发现其实这个人已不在生活中，伴随而来的悲伤往往十分强烈。

哀悼任务三：重新适应逝者不在的新环境

重新适应逝者不在的新环境，是每个丧亲者必须经历的任务。我个人认为这个任务挑战性较小，它和现实生活的需要有很大的关联。现实生活的“现实需要”让人不得不学习如何继续生活下去，即使内心想抵抗与否认，但现实生活的残酷与严苛让人必须尽快调适：当逝者已经不在，我该怎么办？

如果是生活功能的学习，引发的冲突不致太大。例如一名鳏夫必须学会料理家务，学习照顾自己与孩子的生活起居，或一名寡妇必须学会如何做决定与处理经济财物。但若内心没有准备好独自面对生活的压力与困境，或在没有逝者帮助或照顾下，内心产生彷徨无助、对人生没有方向感等感受，便可能使这个任务遭受一些冲击或困难。

以下是晓思的梦（关于晓思失去哥哥的过程，我会在第五章“丧恸梦与未竟事物的完成”特别叙说）。此处提到的梦是晓思丧亲后期的梦，是历经两年痛苦挣扎，怀抱悲伤、疗愈悲伤后所做的梦。我认为这个梦正表现了晓思如何在没有哥哥的环境中，学习面对自己生活的难题。

有一段时间，我认识了几个异性朋友，他们每个人对我都很好，我好像每个人都喜欢，也都不喜欢，所以我根本不知道怎么选择。那时，我梦到了哥哥，他居然跟我说："你到底要选哪一个？"他甚至还说："为什么你每次面对男孩子，态度都是这样？"

我知道自己不知道怎么拒绝别人，也常常让人以为有进一步发展的空间。即使我并不想进一步，别人也会以为是那样。我并不喜欢这样子，让人误解，但我没有办法调整。

哥哥在梦里对我说："你这样会让我很不放心。"

然后他特别说出两个男孩子的名字，问我："你究竟要选哪一个？"

他的口气和以前一样，是比较命令式的，说："你到底有没有听进去？你不要给我乱来，知道吗？"

他说完，我就醒过来了。

醒来的晓思没有难过，反而庆幸还是有人管得住她，并且和她一起讨论事情。哥哥过世后，晓思觉得很多事都只能自己决定，不管对错，都是自己决定，然后自己负责。

这种必须一个人决定、一个人承担、一个人面对的处境，难免让晓思感到孤单与恐惧。以往，哥哥像一个强大支柱，无论是心理或现实生活上，都是晓思的依靠。失去哥哥后，这种无论如何都有人可以依靠的感觉荡然无存，遇到生活中难以决定或处理的事，彷徨不知所措的感觉便又强烈地出现。

晓思做了这个梦后觉得，生活中还是有人可以一起讨论自己的事，即使是指责或管教，但都是在乎她的表现。从这个梦，她发现自己怀念哥哥对她的管教，怀念哥哥在管教中流露的爱护与关心。这是晓思渴望再拥有的。但是，这一切却只能在梦中出现了。

晓思说，她其实好希望有个人可以骂骂她，希望有个她放心的人可以和她讨论这些困扰，给她一些意见或告诉她应该怎么做。

可是梦醒后，只有她自己一个人，其实什么都没有，只能靠自己了。

哥哥一直是那个可以让晓思放心说心事的人。无论高兴、难过，或是工作、生活上遇到什么事，譬如考试或其他事情，哥哥在的话，一定都会很在乎很关心。

哥哥的消逝，意味着她的环境失去了不变的支持与关爱。对晓思而言，这便是适应的难题。借着梦见哥哥，晓思可以回顾哥哥若还在世，会是什么态度，会有什么样的建议。哥哥的忠告让晓思有了行事依据，至少让她的心安定下来。

当然，现实生活中，晓思清楚知道哥哥已经不在身边了。

但梦见哥哥，让晓思有力量面对一个人的生活。如她所说，她觉得仍然有人关心她、在乎她。

哀悼任务四：能将情绪活力投注在其他关系上

能将情绪活力投注在其他关系或新关系上，往往代表丧亲者和逝者之间的关系有一个较好的界定，而这种较好的界定是一份新的界定，是突破死亡的限制与毁灭的。

也就是在丧亲者心里，逝者有一个永远不会消逝的位置，不会因为悲伤的痛苦而紧抓不放，或刻意遗忘。丧亲者会知道逝者和自己的关系不会因为死亡的发生而停止或中断，而是换了另一种形式存在。虽然有别于过去熟悉的形式，但关系是不变的。

我们可以借着晓思的一个丧恸梦，看见它所对应的哀悼任务四：

> 有一阵子，我在医院工作中照顾一位女病人，我跟那位阿姨的关系很好，感情也很好，当她离开人世，我好伤心。我去哥哥的墓园告诉他，这位阿姨过世了，你已经在那个地方这么多年了，对那里比较熟悉，可不可以替我照顾她，因为她很照顾我。然后我告诉哥哥，阿

姨叫什么名字，请他好好照顾她。

后来，我就梦到哥哥回来告诉我，他找到那位阿姨了。他还跟我说："我跟那位阿姨说，我是晓思的哥哥，她跟我说要好好照顾您。"

我感觉到很安心。

这个梦是晓思失去哥哥四到五年后梦到的。那时晓思在现实生活中经历了痛苦的疗愈与重整时期，虽然失去哥哥是不争的事实，但晓思心里已经比较能面对失去至亲的自己，也比较能接受哥哥已不在人世的事实。晓思心里相信哥哥是在不同的世界，同时相信自己和哥哥仍然有所感应。她想念哥哥时，哥哥也同时在想念她。

因为这份信念，即使哥哥过世多年，晓思仍常去哥哥的墓园探望他，向他倾诉自己生活中发生的事。她深信哥哥会因此接收到她的信息，并继续参与她的生活。

这个丧恸梦是晓思到哥哥的墓园，拜托哥哥代为照顾一位女病人后梦到的。这无疑像是哥哥给了晓思一个响应，要晓思放心、安心。

我们由此可以看见晓思和哥哥关系的延续，他们并没有因为死亡的发生而终止关系，反而演变发展出另一种形态的关系。

晓思说不知道是不是自己白天一直想这些事，晚上便梦到。不过她觉得很放心，好像她在乎的人到了另一个世界，会由哥哥帮忙照顾。后来，晓思的大学学妹过世，她也告诉哥哥，请哥哥多多照顾那位朋友。奇妙的是，晓思又再度梦见哥哥，说他会替她照顾学妹。

这些奇妙感觉让晓思慢慢接受哥哥不是消逝，只是换了另一种形式存在。经过将近六年，晓思才逐渐觉得自己对这段关系比较有信心，可以放手。她本来会紧紧抓住哥哥，找很多理由和方法试图去维系一点联结，一直握得很紧，让她内心好累。当晓思学会松开紧握哥哥的手，她的心便多了些空间容纳生命的新事物、新变化。晓思之所以能够放手，是因为她体会到即使松开手，哥哥还是会在，那条关系的线并不会断。

也因为这样，晓思才开始觉得她的未来值得期待。她比较能看见自己的未来，而不像过去，感觉时间像是停滞、静止了。

她甚至曾经认为根本走不出来。那种感觉像你在走路，但前面都是黑暗，你不知道会撞到什么，会遇到什么，也没有任何期待。

完成四个任务之后，晓思比较能够去盼望。这些年，哥哥的事让晓思成长很多、改变很多，虽然她不敢说这是一种成就，但这是哥哥用生命教会她、给予她的。也因为这样，哥哥让晓思认识了很多帮助她的朋友，让她认识了心理治疗的咨询老师，让她有一群很好的姐妹淘。有时候晓思会觉得，失去了哥哥，却让她得到很多意外的收获。

晓思直到现在都会想，哥哥用他的生命让她明白与学习了人生很多事，如果她没有好好学习，没有因此成长，便是一种辜负。她曾经一直紧抓着她是一个破碎、不完整的人的念头，因为她失去了哥哥，生命因此有缺口，所以她非常不快乐，也认为自己不会幸福了。

在这过程中，晓思渐渐知道她的生命还是不圆满，那缺口的确还在，可是因为哥哥这个缺口，她的生命有了开口，让新的部分进去，让她知道如何去喜欢一个人，让她知道怎么去感谢。以前她会理所当然觉得别人就该对她好，并不知道要珍惜、感谢。如果没有哥哥、没有失去哥哥，她认为她可能永远也不会懂得这些道理，体会不到这么多。

晓思现在回家乡去看哥哥时，都会告诉哥哥，她要好好过生活，因为她的生命和他的生命连在一起，她决定要连他的生命一起过，也要去丰富他的生命。哥哥在世上待了二十几年，未来的路，她要为他好好走下去。

她说曾经当别人问她有没有手足时，她不知道如何回答，她不知道该怎么说，因此背负了许多沉重的心理负担。现在她能轻松地说：“他已经在天上了。”然后自然地说出当时发生的事。她能自然地说，是因为她相信，就算说了也不代表她失去了哥哥。

她说她一直知道，她就是有一个哥哥。那是一生的事，是永远不变的事。

她也知道，有些感觉自己知道就好。不明白这些感觉的人，她已经学会不在意了。不了解她的人说出的话，她是不用放在心上的。她已经不再去想要怎么解释，也不再担心别人的说法和反应。

她也不需要担心有一天哥哥会变成不重要的人。她曾害怕他会被别人取代，可是她后来知道，她跟哥哥的感情是谁都无法取代的。她和哥哥一起成长，他一直陪着她长大，这些部分没有人可以取代。

哥哥始终是晓思重要的亲人。

也因此，晓思知道某天人生结束的时候，她用不着害怕，因为在另一个世界，另一个地方，有人在那里等着她。她期待有朝一日和哥哥重逢，也相信他们一定能再见面。

晓思的体会，也是我近几年的体会。能够将失落的关系纳入生命线中，不需刻意忽略、抹灭或遗忘时，生命就会产生一种能量，接纳永远的缺口。这缺口并非代表不足或缺乏，而是相信生命借此有另一番体验与展现。

不再费力抵抗与否认自己身上发生的不幸时，人便能将不幸纳入自己的生命，统整出包含此伤痛经历的生命状态。一个人历经创伤后，就不可能再和以前一样。晓思正因为统整出不一样的生命，便有更多力量与能量面对不断迎面而来的新挑战。因此她也开始重拾信心，相信未来值得期待。

借着上述的丧恸梦，我们不难发现丧恸梦的重要特性在于反映个体悲伤哀悼任务完成的状态与进展。

由丧恸梦显现的哀悼任务对应个体的悲伤状态，是了解丧亲者悲伤过展程度的途径之一。对丧亲者或周围的人而言，洞察丧恸梦所具有的哀悼任务，可以让人和生命同步。

反复出现在丧恸梦中的哀悼任务，可以让人理解到这个哀悼任务具有的威胁性，危及丧亲者某部分的生命信念与存在根基。因此，我认为接纳是很重要的态度。如果我们得知丧恸梦重复出现某些哀悼任务，一方面可以让人了解到丧亲者的悲伤状态走到何种程度，另一方面也可以深入了解哪些任务是丧亲者特别难以面对与处理的。这些了解不是为了推丧亲者一把，要他们赶快前进，而是让他们明白生命有其独特的历程，除了耐心陪伴，便是接纳。接纳无论处理到哪一个哀悼任务，生命都在努力面对与整理。

第五章　丧恸梦与未竟事物的完成

丧恸梦创造一个有影像的情境，
让个体借着梦重新接触内在的未竟情绪，
处理和逝者之间的未竟关系，
并将未竟之事完成。

丧恸梦不单只能从哀悼任务的观点切入与了解，对于非预期丧亲者来说，死亡的发生重创了生活，也重创了心灵，许多生活秩序被打乱，许多待完成、想完成的事都来不及完成了。丧恸梦具有的“完成未竟之事”特性，是丧亲者内在深层想望的显现，它是个体内在需求的完成，也是愿望的达成。

来不及说的告别与承诺

回头来说晓思的生命故事。从晓思的故事，可以看见完成未竟之事对她的意义。晓思的哥哥离开那刻，她没在他身边，他们什么都来不及说。借着梦，时光似乎倒转至哥哥离开的前一刻。他们终于有机会对话、告别和承诺。对晓思来说，借着梦，她感受到哥哥对她的爱，也感受到这辈子兄妹的感情虽然只有短暂的二十多年，但这份感情不会终止，它会一直延续下去，直到永远。

晓思一直保留着的哥哥的戒指，如同护身符般守护着她，给她力量。她相信这是感应哥哥的管道，她也将自己的戒指送给哥哥。借由它，希望哥哥也可以感应到她生活中经历的一切。

晓思在殡仪馆从爸爸手中拿到哥哥的戒指后，就一直将它戴在手上。

地震发生当天，哥哥在家乡；晓思因为在医院工作，只身在台北。

得知哥哥出事后，晓思赶紧赶回家乡。那里很混乱，因为是晚上，加上断电，根本无法进入城镇。晓思和小叔叔会面后，只能等天亮。天亮了，他们才又开始四处寻找亲人的下落。

清早，进入城镇后，他们所到之处，遍地都是尸体，一具具尸体，都盖着往生被。晓思不知道哥哥究竟在哪里，她一直喊着："我回来了，你在哪里？哥哥，你在哪里？"

可是他们始终找不到，找了三个地方，来来回回找，就是找不到哥哥和其他亲人。寻找时，晓思看到路边有很多家属也很难过，到处都是哭声，这世界不知怎么了，突然变成这样。

在他们找的时候，哥哥的遗体其实已经被晓思的亲人送到殡仪馆了，只是晓思不知道。一直等到电话通了，晓思才知道他们已经安置好了。哥哥从瓦砾堆被挖出来后，爸爸把他送到相对不乱的地方。过了三天，晓思和小叔叔好不容易才和亲人会合。

晓思到殡仪馆时，看见整个殡仪馆全是遗体，满满的遗体。她从门口走进去时，一眼就看到哥哥的照片，她马上跪了下去，她太难过了，趴在地上痛哭。

晓思看到哥哥的遗体时，虽然哥哥没受什么伤，整个脸却是黑的、红的，晓思忍不住一直流泪。或许因为他们兄妹情深，哥哥的眼睛、鼻子一直流出血来。晓思跪在那里不停地哭，那时晓思的爸爸就把哥哥的戒指塞到她手中，跟她说："我想你哥哥应该会希望把这个东西交给你。"

从那天起，戒指就没有离开过晓思的视线。凭着这只戒指，晓思继续牵系着哥哥。

大约两年后，晓思梦到她也将自己的戒指交给哥哥，希望哥哥也记得有她这个妹妹。

未做这个梦之前，有两年的时间，晓思很内疚，不能原谅自己。哥哥发生这么大的事，自己却不在旁边帮忙。家人非常忙乱时，她也不在，一直到家人安顿好了，也将哥哥的遗体处理好了，她才出现。晓思无法原谅自己，无法释怀。

好长一段时间，她都活在罪恶感的自责内疚中。

在梦里，我和哥哥见面了，是哥哥离开人间的前一刻。他告诉我他不是故意没有等我回来的，在那个时间点，他没有办法等到我回来。

我很难过，说："不可以呀！你不可以这样就走了。"

他坐在要送进火化炉的台子上，即将被送去火化。

我不想他离去，我对他说："可是我不想让你离开，而且你走的时候，我没有在你身边，我觉得很对不起你。"

哥哥安慰我说："你不要在意啊！其实我已经死掉了，而且我要离开了，虽然我想再跟你相处一会儿，可是我真的要离开了。"

我一直哭一直哭，我知道留不住他，赶紧对他说："可是，下辈子我还是希望你当我的哥哥。"

他回答："好，下辈子，我会再当你的哥哥。"

可是我想我们下辈子要怎么认出彼此呢？我问："可是火化后，我就没办法认出你了啊！我要用什么方法找你呢？"

他说："用戒指，用戒指相认吧！我把心爱的戒指留给你，你把你的戒指给我，我就能找到你。"

我们一直哭一直哭，他告诉我不要觉得对不起他，不要内疚，他知道我很在意这些事，很在意他，可是他要我不要在意。

我没办法说话，只能一直哭。

他说完之后，又说："我要走了，你也跟我说再见，因为我要离开了。"

我问："你要怎么离开？"

"我要被送进去火化了。"他说。

我看着空荡荡的火化场，只有我和他在那里。我想留住他，说："不要啊！"哥哥说他必须离开了。

我哭着说："火烧你，你会痛的，火在烧的时候，你要赶快离开，我会告诉你，会叫你离开，你要离开喔！"

然后我们被一道门隔开，门的另一端是熊熊烈火。火化那一刻，我哭着、喊着："火来了，你赶快离开啊！"

满脸泪水的我看着哥哥离开，我就这样哭醒了。

晓思的这个丧恸梦让她可以与哥哥面对面，将未表达的心疼、不舍与关爱充分表达出来。那不只是晓思对哥哥的感情，也是哥哥对晓思的感情。

借着丧恸梦，晓思完成了未竟之事。在梦里，晓思完成了和哥哥的道别，那是现实生活中她错过的机会。在梦里，晓思不仅和哥哥互相许下了下辈子继续当兄妹的承诺，也对哥哥表达了一直放在心中的愧疚心情，然后得到了充满谅解的响应。

这对晓思是极重要的宽容，也让她自责内疚的沉重压力得到些许释放。由此可看出丧恸梦是个体保命的重要机制，当个体因失落而导致内在压力过大，充满危及生存的不利因素时，丧恸梦是个体心灵自我调节的重要机制，这部分在第九章（丧恸梦的自我疗愈力量）会详加说明。

现实生活中不再有机会完成的事，使个体内心的未竟情绪始终无法排解时，未竟之事便会继续成为生活关注的焦点。丧恸梦创造一个有影像的情境，让个体借着梦重新接触内在的未竟情绪，处理和逝者之间的未竟关系，并让未竟之事得以完成。

除此之外，晓思在现实生活中未能完成的事情，像是第四章提到的关于感情的抉择、希望照顾过的病人或学妹过世后有人照顾等，也都在梦中得到哥哥的响应，而让事情告一段落、有所完成。因此，我们可以发现晓思完成事件的心理动力非常强大，几乎只要她希望解决与完成的事，通过梦里与哥哥的接触，便能让事物与心灵有所安顿。

未能阻止的死亡

我们再从另一位丧亲者的丧恸梦，探讨一下死亡引发的未竟之事如何成为丧亲者内心关切的主题。

景惠是位已婚女性，每星期回娘家探望母亲一次。父亲已过世，因此母亲独居。某个周末，意外发生了。景惠回到娘家，却发现母亲躺卧在半掩的房门后方，一动也不动。

景惠在昏暗的屋内，一个人面对母亲死亡多时的遗体。尸斑已在母亲身上出现，遗体也已半僵硬，没有体温，只剩冰凉。那一刻，死亡在景惠心里留下了难以磨灭的伤害，恐惧、害怕、无助、无力、惊吓的情绪满满地笼罩着她。

即使后来景惠报案，请警方协助处理，并通过一些亲友的帮忙完成母亲的后事，但面对这意外的创伤，她不时地做噩梦，在日常生活中也常经验到无助、无力感，甚至有种不知何时又会发生意外的感觉。死亡不仅让景惠疑惑，同时恐惧：什么时候又将出乎预期地带走自己或其他亲人的生命。

景惠告诉我其中一个噩梦：

我梦到我回到家中，家里是做小生意的，来了一位客人。我见那客人有些怪异，心里不舒服，因此对妈妈说："我要出门了。"

妈妈站起来送我出门。我原本打算就这样离去，不知道为什么，我突然觉得不能这样丢下妈妈，让她独自面对那位客人。这位客人感觉起来不是好人，我握着妈妈的手对那客人说："先生，不好意思，我们不做这笔生意了。"

客人走到门口，突然转头，恶狠狠地瞪着我。他的脸极度狰狞，青面獠牙，我吓得从梦中醒了过来。

景惠告诉我这个丧恸梦时，仍充满了恐惧，好似那心怀不轨、面目狰狞的坏人就在眼前。与此同时，我的直觉立即告诉我那位坏人隐喻了死亡，而景惠在梦中想做的事——保护母亲，便是她在现实生活中没有机会完成的事。

死亡突然带走母亲，又是景惠不在母亲身边时发生的，这该如何意会死亡的存在呢？一切都那么不可知悉，无形无影，连要对抗都不知道力量要放在哪里。

景惠的梦让死亡有了具体的对象。一位有形有影的人闯入他们家中（象征隐私的空间），他们家原本是做生意的，有陌生人出入很正常。也因为如此，这提供了母亲何以会遭遇危险的原因。

景惠在梦中就不喜欢家里的陌生人，但也不以为意；本来要出门，却突然意识到母亲会有危险，自己不该就这样丢下母亲。这是景惠内心因内疚所引发的自我提醒。现实生活中，人常常无法意识到死亡的存在，日常生活的规律，使得我们与任何警告都可能会擦肩而过。在梦中，景惠差一点就要错过这个危险信息，但似乎有什么不安的情绪使她意识到这位陌生人是危险人物，不能就这样丢下母亲。

景惠在梦里勇敢地握着母亲的手，对陌生人下逐客令。想保护母亲的心若与现实生活联结，不难体会到景惠面对母亲的死亡，感受到自己无法保护母亲免于受伤害而产生的强烈自责。

景惠其实也害怕，一直到梦境最后，她终于看清楚陌生人的脸。当她看清楚是青面獠牙的恐怖脸孔时，她吓醒了，也吓坏了。这正象征了让景惠感到恐惧的死亡面貌。

我听到景惠说她吓醒了，体会到这个丧恸梦原本是要帮她完成未能实时保护母亲的未竟之事，没料到还未完成便惊醒，使得梦本身也成了未竟之事。于是我问景惠，若梦继续，她想做什么？

景惠一边啜泣一边发抖地说:“我想赶他走，我要他离开。”

“可以吗？就像他在这里一样，可以大声地要他离开吗？”

景惠大口呼吸，一鼓作气大声喊着:“先生，请你离开，我们不做你的生意，我也不会让你留在这里，我不会让你伤害我妈妈……”景惠说完这段话后，开始哭泣。

“你做到了，你勇敢地保护了妈妈。”我说，“即使你也很害怕，但是我看见你的勇敢，看见你多想保护妈妈……”

“我想保护妈妈……我不想让她遭遇这些……”景惠伤

心地哭着。这一刻，她终于有机会把内心的自责与内疚表达出来。

即使这个丧恸梦没能完成景惠内心的期盼——好好保护妈妈，但引发的动力仍旧来自内心的渴望，希望完成阻止死亡伤害母亲的未竟之事，也完成内在未处理的情绪感受。

从上述的丧恸梦我们可以理解，死亡突然带走重要的感情投注对象时，往往让我们的感情与生活遭受强烈的剥夺感，这种剥夺感让人措手不及，不知该如何反应。如果再加上现实状况诸多的遗憾、诸多未完成的事件（像是承诺、正在进行的计划、预期中应该达成的事……），将让人感到惊慌与愕然，不能接受事情怎么会突然中断。就像一首正在播放的歌曲，你跟着哼着哼着，也知道后面的旋律，但突然间音乐戛然停止，不再播放；你却无法就这样停止，会继续在心里哼唱，希望这首歌有个结束与完成，不然它会在脑海里不停回荡，直到其他事吸引你的关注为止。

完形治疗大师皮尔斯将这种情况称为“未竟之事”(unfinished business)，当一些与重要他人的事件无法顺利解决或完成时，这些未竟之事便会持续在生活中干扰当事人。未表达出的感情也会深深烙印在记忆中，如果人无法觉察这样的感情，无法为自己进一步处理（抒发也好，表达也好，进行一些仪式也好），那么这些无法完成的感情便不能成形，散落在生活中，让人时刻受影响。

因此，丧恸梦会协助丧亲者让散落在生活中未表达的感情成形，有了形，便可以让人去经验、去表达。虽然我们都知道梦毕竟是虚幻，但不能忽略的是，梦对丧亲者是具有意义的，这层意义可以帮助丧亲者“身历其境”，感觉到自己真的说了、做了那些在意和重要的事情。

一旦在梦中说了、做了，感情便也在梦境中得到表达与经验。那么，当事人也完成了这个“未竟之事”，让未竟事务尘埃落定，不再散落在生活中，不时冒出，打扰心灵。

我发现，我听到的许多丧恸梦都有完成未竟之事的部分，无论是完成告别、完成交代、完成抱歉、完成最后的承诺……都在显示未能在亲人过世前完成想表达、想处理的事件或感情。对丧亲者来说，这些都是很难忽略与忘怀的重大事件。

这也是我投入生死教育工作不断呼吁的重点，我们无法确知、也无法掌握死亡何时会发生，所能做的就是尽力避免遗憾。能好好道别时就好好道别，能好好道谢时就好好道谢，能好好道歉时就好好道歉。尽力避免做一些和自己内心不一致的事，尽力避免造成愧疚、伤害与诸多遗憾。当然，我们都知道人生必然有遗憾存在，但唯有我们尽了人事，才比较能听从天命。做我们能做的，其余的交给上帝。属人的部分，能避免遗憾最好；属天的部分，就算有遗憾，也学习接受这样的遗憾。

若真的有遗憾，要接受遗憾的存在是一条漫长的路，丧恸梦或许提供了一个快捷方式。我自己也是在丧恸梦的历程里，接受自己是一个过早失去父爱的孩子，更接受自己再也没有机会向父亲表达我有多爱他。那些遗憾，曾经在我生活里浮浮沉沉十几年，直到我在梦里表达了、经验了，才知道自己有多么遗憾。也因为我知道了，于是便接受这些遗憾确实存在，无法粉饰，也无法与我的生命割裂。

重要的是，我们必须在丧恸梦中辨认出这些“未竟之事”，知道什么是自己未解决、未表达的感情或事件，也从中理解自己的想望与需求是什么。有了辨认，才能有所觉察，也才能有所理解。如此，丧恸梦才能帮助我们将缺憾纳入生命之中，也让内心的未竟之事得以完成。

第六章　丧恸梦的情绪特性

复杂混乱的情绪借由梦再次体验，也获得抒发机会。当情绪重新在梦里被体验，醒来的时候，丧亲者便有机会去思考发生了哪些情绪感受，又为何有这些情绪感受，进而重新整理自己的情绪感受。

丧恸梦经验皆具有明显、鲜明的情绪特性，梦中的情绪展现是复杂与混乱的。我在聆听丧恸梦的过程中，可以感受到每一个梦境具有的多重情绪感受，包含原始情绪，如生气、害怕、恐惧与悲伤，也有次级的情绪，无力、无助、罪恶感、羞愧、羡慕、惊讶、不舍、放心、安心等。这些情绪感受和失落事件的重要他人、相关的情节、场景常有所联结，因此，这些情绪感受反映的是丧亲者遇到失落事件后引发的各种情绪感受，有些已被觉察，有些则未被觉察，压抑在潜意识层次。

脱离理智约束的情绪

做梦时，大脑的思考能力、逻辑性受到压制，因此梦境中经常出现日间活动受到逻辑控制与理智约束而无法释放的情绪。一旦在夜间做梦时释放，常显得混乱而复杂，甚至让当事人讶异与不解。无论清醒或做梦，情绪的激发皆来自大脑的杏仁核与边缘系统，对当事人来说就是真实的情绪体验。因此，在梦里体验到的情绪感受，和清醒时一样真实无比。

这些复杂混乱的情绪借由梦再次体验，也获得抒发机会。当情绪重新在梦里被体验，醒来的时候，丧亲者便有机会去思考发生了哪些情绪感受，又为何有这些情绪感受，进而重新整理自己的情绪感受。在此过程中，丧亲者表达了情绪、体验了情绪，醒来后经由思考这些情绪反应，消化累积的情绪，重新体认自己的情绪，并做二次反应与处理。

因此，丧恸梦激发情绪的特性，能协助丧亲者释放混乱的情绪感受，并在清醒后的认知思考协助下分辨、了解，成为新的情绪经验，也可能有机会转化情绪，改变情绪状态。

显现没有亲人可依靠的不安

以下三个梦都是薇妮的梦，我们先了解薇妮做这三个梦时的生活背景。做这三个梦时，薇妮正独自在国外攻读硕士，那时她父亲已过世两三年。做第一个梦时，她和室友有些不愉快，争执过后，室友告诉薇妮，她父亲会来她们念书的地方探望她。虽然没有特别的意思，只是一个转告，但薇妮下意识觉得对方有一种仗着父亲可以依靠的气势，让她感到自己势单力薄，即使有理也说不清。

一切发生得很快，薇妮也没有多加留意自己的情绪感受。在夜晚，她做了这个梦：

> 我梦到我们家收养的流浪狗贝比生了小狗，那些小狗身上血淋淋的，我不太敢摸，是爸爸伸手接住小狗的。他抱着小狗，为小狗清干净身上的血。我心想，还好有爸爸。爸爸在，再怎么恐怖、困难的事，爸爸都会挺身而出，即使他也不熟，也不知道该怎么办，他还是会承担下来，还是会做那些事。

现实生活中，薇妮遇到人际问题，不知该如何处理这些令她害怕的事。她担心室友会请父亲出面协调两人的争执，虽然她觉得自己并没有理亏，但感觉没有父亲的孩子就像失去靠山一样。这种失去靠山的感觉，让薇妮经验到恐惧、不安和焦虑。

如果抽出这些情绪感受，再看薇妮的梦境，便不难发现梦的情节包含这些情绪感受。换句话说，薇妮的情绪感受联结了过去和父亲的某些生活经验，并且借着丧恸梦，再次经历了这些情绪感受。现实生活中薇妮没有觉察到（或有意忽略掉）自己的恐惧、不安与焦虑，这些情绪感受受到薇妮白天强大理智的控制，并没有明显出现而唤起薇妮的注意，反倒在夜晚，当理智休息了，它们才有机会冒出来。

薇妮为这些情绪感受加上新注解，她以家中狗儿生小狗的血淋淋画面，再次经验恐惧与不知所措的不安，并投射内心的渴望：希望父亲能在身旁处理。在梦里，薇妮有个深刻的感觉：若父亲还在，无论多困难的事，父亲都会出面，都会承担。

薇妮说，她醒来后，感到深刻的悲伤，这种悲伤是真实体会到父亲不在身旁了。从今以后，任何困难、危险的事，都必须自己一个人去承担、面对，生活中不会再有一个人出面保护她，或为她处理什么。

这一份体会中，薇妮再次经验到失去父亲的事实。所以我认为，这个梦也能协助薇妮再次处理未疏通的第一个悲伤哀悼任务。

薇妮在这个梦过后，清楚感受到自己有所缺乏。她说："我真的是一个没有爸爸的小孩。以往我从来不明白为什么有人不敢启齿说自己无父或无母，我以为无父或无母就是一个事实，直接陈述就好，有什么好难以启齿呢？但我现在知道了，这是一种缺乏，有一种己不如人的感觉，似乎有父母的孩子比较幸福、比较优秀。”

薇妮因而体会到自己不足与缺乏的感觉，唤起了过去生活经验中常感受到的感觉。虽然过去父母亲都在，但她与他们的关系是有些疏离的。从小，薇妮就渴望有个温暖的家庭，家人可以分享彼此的生活与心情。但现实生活的状况是，在家里，他们贴近不了彼此的心，虽然同在一个屋檐下，却常无话可说。

表达对家庭亲密的渴望

疏离的家庭关系让薇妮常常感到一种不足与缺乏，像是一直没有被爱、没有被重视、没有被呵护。她甚至想过，为什么她不是生在另一个温暖、快乐的家庭呢？在第二个梦境，薇妮这份不足与缺乏的感觉便冒了出来。我们可以从梦境中看见薇妮对家庭温暖的渴望。

> 我梦到我和爸爸走在像是行天宫那边的地下道，但我在梦里年纪很小，好像只有十岁。爸爸牵着我走过那个地下道，经过一摊一摊的算命摊。地下道里有好多人，而且有人在地下道方形的小空间里。那小空间好小好小，摆设

却很像一个客厅，有沙发、电视，好像住着一家人。当我经过，看见这个景象时，我觉得这里看起来虽然很简陋，是一个没有隐私的开放空间，但感觉上，这是一个完整的家，住在这里的人感情很好，他们是快乐的。

长长的地下道可以诠释成时光的长廊，薇妮在梦中回到幼年。事实上，她在幼年时便已感受到家庭是缺乏温暖与快乐的。

行天宫地下道的景象对薇妮来说并不陌生，因为有好长一阵子，薇妮去探望住在长期照护中心的父亲，都必须经过那个地下道。经过那个地下道的人大都可以感觉到一种灰暗、拥挤的感受，也可以感觉到住在那种环境里势必不舒服、没有隐私，不能算是一个理想的家。

薇妮通过这个梦诉说她的羡慕。为什么说她羡慕呢？因为就算那里的空间、物质条件都不好，却是一个温暖、快乐的家，住在里面的人感情很好。这是薇妮追求不到的渴望，是她的家所缺乏的。

即使她知道在父母亲的照料下，她有一个不错的生活空间，物质条件也不至于太坏。但是，她和家人的感情却是疏远的，家里的感觉是冷冰冰的。

在我看来，这两个梦显示了薇妮处理失落悲伤议题的进展。

处理矛盾的感情关系

当我们失去一位重要他人，要处理的往往不只是“死亡带走了一个人”的事实，连带也要处理和这位重要他人长久以来的关系。关系往往牵涉到许多相处时的情绪感受，有些我们有机会表达，有些则没有机会表达。大部分无法表达的感受都是不好的情绪感受，是家庭不允许我们表达的感受。因此，处理关系的议题，势必要面对长期累积的不良感受。

因此在父亲过世后，薇妮需要通过大量的丧恸梦来处理与父亲之间未处理好的情绪感受。这些情绪感受之所以被唤醒，是因为在生活情境中被感受到了，也就是现在和过去交织成一张密不可分的网，现在联结过去，过去呼应现在。

过去薇妮有父亲保护，有父亲强大的照顾，如今失去了父亲，便失去了保护与照顾。这份缺乏唤醒了长久以来和父亲的矛盾关系：既受保护，又想远离；既被照顾，又感到窒息。她其实想和父亲有亲密又彼此尊重的关系，她希望和父亲的相处不再有强烈的高低起伏情绪干扰，可以是很舒服很和谐的一种关系。

因此，薇妮也必须通过丧恸梦，不断回顾和父亲之间的关系。在下一个梦，我们可以体会到薇妮对父亲矛盾的感情：

我梦到爸爸是一个很脏、很混乱的状态。他酒醉，吐得、尿得全身乱七八糟，非常肮脏，而我在照顾他，很单纯地爱着他，不论他是什么样子，我都愿意爱他。梦里，我哭着，并且清楚地知道，无论妈妈、别人怎么不想要他，我都觉得：爸，无论如何，我都还是要你。

这个梦同时具有完成未竟情绪的丧恸梦特性。梦里，薇妮表达的感情从未对父亲表达过。当薇妮的父亲被诊断为脑死亡病人，薇妮不曾有无论如何都会救他的想法。那时，薇妮的理智战胜感情，她接受医学的说法，父亲已经不可能回复到原来的生命状态，依赖呼吸仪器维生不过是拖延生命，也拖延痛苦。因此，那时候，她希望父亲的生命不要拖延太久，父亲的生命多拖延一天，对所有人来说，就是多折磨一天。

薇妮的理智过强，导致她的感情被压制得很深。在受强大理智控制的白天，薇妮恐怕无法意识到自己是舍不得父亲，也心疼父亲的。

因为薇妮在丧恸梦中不断回望与父亲的早年关系，使得她可以慢慢接触自己爱父亲的心。虽然现实生活世界里，薇妮和父亲的关系因为长年的亲子冲突而显得淡漠与疏离，但内在世界却渴望和父亲靠近，获得父亲无条件及稳定的爱与呵护，并且希望能将内心对父亲的爱响应给父亲。

或许这份渴望长年不断失落，长年不如愿，使得薇妮必须以强大的理智来压制这份渴望，好让自己不要这么容易感到失望与受伤。丧恸梦无疑让这份渴望再现，让薇妮无法抹灭与否认内心是爱着父亲，不舍父亲的。她甚至有一种接纳的情怀，无论父亲如何，都愿意爱他、要他。

这是一个女儿对父亲最真挚最无条件的爱，薇妮的丧恸梦让她与自己的感情真实接触了。

薇妮的梦境让她可以将无法表达或受到压抑的感情表达出来，特别是和父亲的冲突关系，在充满混乱感情的梦里，薇妮试图处理关系中每一个纠结的关节；借着处理，帮助自己重新整理和父亲究竟是什么样的关系，自己究竟是怎样的一个人。

因此，薇妮通过这些充满情绪的丧恸梦不只处理了与父亲的关系，也处理了与自己的关系。

她得面对许多自我生命的伤痛与缺口。生命的伤痛与缺口并不容易面对，却是每个生命必须面对的课题，如此，我们才能活下去——好好活下去。

要好好面对与处理伤痛与缺口，便需要好好承认伤痛与缺口确实存在。在清醒的意识下，人不见得能够好好承认自己的确受伤了，也痛了。如此看来，梦提供给这些受伤、痛的情绪感受一个好的空间，让它们可以释放，可以表达。

那么，当我们实在摸不着头绪为何做了这些梦时，或许可以直接探索在这些梦境中我们感受到了什么情绪，可能是长期压抑的情绪，或现实生活中感受到的情绪，只是用了一些隐喻，改装了一些情境，为的还是要你体验、表达这些未处理的情绪感受。

或许这是造物主赐给人类的礼物。借着梦，我们可以释放累积在心头的情绪；借着梦，我们可以贴近自己；借着梦，我们可以诚实面对自己所有的感受。

第七章 梦境自我尝试解决问题

梦境自我尝试面对、处理或解决内在状态与现实抵触造成的鸿沟或断裂，使内外冲突能在反复处理下，整合出一个新的平衡状态，不需再以过度的心理防卫抵挡现实生活的冲击。

丧亲者多少会因死亡事件面临外在系统（现实生活环境）与内在系统（内在心理世界）的冲突而造成个体失衡。丧恸梦的梦境自我便会试图处理这些冲突，并尝试为此找寻解决之道。

人都有解决问题的倾向。只有解决问题，人才能达到平衡和谐的状态，继续面对生活的挑战。但是，有些问题难以解决，或是解决了还会衍生其他新问题，这会让人无法顺利解决问题。

因为死亡事件的发生，丧亲者必然会面临许多现实问题，有些好解决，有些却很棘手。我遇到的许多丧亲者面对的一个大问题便是：他究竟去哪里了？

一个死亡带来的大问题

为什么说“他究竟去哪里了”是个大问题呢?

这牵涉到和这个逝去的重要他人到底要维持什么样的关系。

我以依人的三个梦来说明这个问题对她的重要性，牵涉她后续的生活安排与方向，也可以说涉及她的整个生命要如何继续存在的问题。

我在第四章大略提过依人的丧亲故事。她逝去的亲人是交往八年的男友杰。两人十分亲密，关系也很好。一天早晨，杰骑摩托车出门后不久，惨遭小轿车严重冲撞，送到急诊室时他已是脑死亡的状态，急救开刀后仍然不治身亡。

依人看见了杰被撞得惨不忍睹的身体，也面对了他不治身亡的过程。照理说，事实摆在依人眼前，很难否认，她直接面对了这个剧变。但这个事实来得太突然，也太快了，即使依人直接面对，却像做梦般让她感到很不真实。和杰的八年感情突遭重创而必须分离，对依人来说，感情完全无法说撤离就撤离。她怎么也无法相信两人清晨才互道再见，怎么没过几个小时，就已天人永隔，再也无法相聚?

杰的消逝，威胁了依人所有的生活。对依人来说，杰其实已是生活中不可缺少的伴侣，是每日生活安心的依靠。当杰消逝，那不只是生活空间真的少了这么一个人，还是心理空间的空出。原本由一个人占满的空间，突然那个人消逝，空出一大片。空空荡荡的屋子、空空荡荡的心，让人很不安，感觉无所依靠，原本仰赖的生命重心不见了，是一种很令人恐慌的感觉。

如果我们有这一层理解，就不难从依人的梦里看见她的恐慌与焦虑，她想找到杰，想知道杰究竟去哪儿了。只有知道杰究竟在哪里、怎么了，依人的心才能安定下来。

梦一

隐约中，我做过几个一直寻找杰的梦。有一个甚至是梦中还有一个梦。我四处找杰，心急地到处找他。当我醒来，我一直疑惑：杰到底去哪里了？怎么这么久没看见他？

但其实，我还是在梦中，没有完全醒过来。第一次醒来的我还是很疑惑究竟杰去哪里了，第二次醒来才是真正清醒，也才知道，杰其实已经不在了……

依人的这个丧恸梦是一种“梦中梦”的梦结构。“梦中梦”是人梦见自己做梦，所以可能在梦中醒来，醒来后却仍在梦中。“梦中梦”显示做梦者有所整合，想让内在认知和现实状况达成一致，但这种整合尚未在梦醒自我（在梦中梦醒来的自我）和清醒自我（现实中完全醒来的自我）之间达成协议。

精神分析大师弗洛伊德认为“梦中梦”是梦者试图抗拒或掩饰梦境结果的反应，也就是依人还无法完全接受杰其实已经消逝的事实。

许多学者都曾对“梦中梦”的发生做出过解释。精神科医师肯珀（Kemper）试图综合各家观点，不但同意弗洛伊德认为梦代表实现愿望的企图，也为做梦者当前的生活冲突寻找答案。经过许多人讨论后，“梦中梦”被认为是做梦者内心的冲突与障碍，做梦者必须加以解决，才能让生活继续往前走。

回到依人的“梦中梦”。她在梦中梦里寻找男友的下落，在醒来后的梦中仍在疑惑为何那么久没看见男友，由此可发现“男友究竟在何方”是依人内在很大的冲突。若对应到依人现实生活的冲突，便是她内心的否认机制并不能完全克服现实生活的挑战：“男友真的不再于生活中出现？但男友怎么可能会对我不闻不问，不关心我过得如何？”

这和依人认知的男友不同。依人过去认知的男友对自己的贴心、关爱从来没改变过，而如今何以生活中再也没有出现过？

这仍反映出依人内在心理世界与外在生活环境系统是冲突的。“梦中梦”强烈想要解答，努力想要解决生活难以往前走的障碍。但这“梦中梦”还是没有整合成功，因此没有提供解答。不过在“梦中梦”之后，依人的梦出现了各种解答，解释杰消失的原因。因此，“梦中梦”仍具有解决的功能，至少将“无答案”的冲突状态，进展到“可以有答案”的状态。

接下来的梦二，便可以看见依人试图追寻解答，也确实有了初步的答案，虽然这答案她仍然难以接受。

梦二

那是一个很累、很不舒服的梦。梦中的我哭得筋疲力尽，梦醒时很累，好像自己也大哭过一样，哭到眼睛累得、肿得睁不开。梦中的场景好像是校园中的一个矮舍，我住在里面，杰好像也住在里面，我回房子找他。我一直忙着找他，两人像在玩躲猫猫。我想不通为什么有好一段时间没看到他？我着急紧张地找他，后来杰真的出现了，他跟我说：“我们不可能再像之前一样交往了。”我一听，大哭，一直哭一直哭，求他不要这么残忍地对我，以前他都不会这样。可是，梦中的杰是那么冷酷，不是我熟悉的那个杰。我抱着一丝挽回的希望，总觉得杰不可能一夕之间就变了个人。我一直哭，一直求他，一直哀求，可是他并不在乎。

我的心都凉了……

杰在这个梦中有了声音，他说出那句令依人心碎的话："我们不可能再像之前一样交往了。"依人在梦中感受到强烈的悲伤与心痛。我认为这个梦也在协助依人释放悲伤，处理经验悲伤与痛苦的哀悼任务。

只是，这个答案未能完全解答依人的疑问与冲突。梦醒的她仍旧无法接受杰在梦中的说法：两人不能再继续交往。

但是，依人还是没有任何理由接受他们两人不可能在一起了。

接下来的梦三，提供了一个更明确的答案，这个答案非常符合情侣分手的原因，就是对方"移情别恋"。一般状况下，男女朋友分手的原因大多是一方移情别恋。对依人来说，这个人不能是她，如果是她先移情别恋，她是无法接受，也无法原谅自己的。如果是杰移情别恋，那么，虽然心伤，却是一个不得不面对的结果。

梦三

我梦到杰另结新欢，带着新女友到我面前说："我已经有另一个人了，你自己要坚强点。"

我很震惊，我说："不可能，这是假的，你欺骗我，你不是这样的人，我认识的你不可能这么做。"

杰很冷淡，面无表情地说："事情就是这样，没有转圜的余地。"

我太震惊了。吓醒后，还是不明白杰怎么可能这样对我，难道他在逼我走出来，要我别再困在悲伤中？

我们可以从依人的丧恸梦看见她努力想要弄清楚和杰之间到底怎么了，为什么两人的关系改变了。

因此我说，依人的丧恸梦是依人的自我试图为她面对的问题寻找答案。只是白天的自我太弱小，不足以强大起来解决超我与本我的冲突。但她并没有放弃解决这个冲突，丧恸梦创造出一些情境，让梦境自我可以尝试处理与解决这些冲突与问题。

也就是说，依人遇到的问题并非一般性问题，而是冲突的两难问题。接受杰死亡或不接受，对依人来说都是困难的。

这冲突这么巨大，巨大到清醒时的依人无法顺利面对，必须靠丧恸梦来协助，可见这冲突已危及依人的某些生存信念。

现实世界的依人因为失去男友而顿失依靠，然而她的悲伤没有多少人理解。许多人劝她赶快忘了杰，开始过新生活，虽然是好意的规劝，却违反她内在世界的信念。她的内在世界坚信他们的爱没有改变，她坚持不能背弃男友。内外世界的冲突造成依人个体的失衡，她必须知道该怎么办，生活才能得以前进。依人的丧恸梦不断显示这些冲突，她的梦境自我不断在面对过程中，经验不同的处理方式与可能发生的结果。

依人认为她和杰就像老夫老妻，两人都视对方为共度此生的伴侣，只差一纸结婚证书罢了。深切认定杰就是那唯一的伴侣，使依人面临杰骤然离世的同时也得面对一个问题：她和杰的承诺该如何处置？

依人认为她不应该放开杰，也不应该移情别恋，因为杰并未与她分手，并没有说要分开。依人和杰的关系不仅是爱的保证，还是忠诚的承诺。

现实生活中的依人很难有力量继续维持这份相许的忠诚承诺，即使她想坚持，周遭社会环境的压力却迫使她看清自己的处境，这份关系势必要终止。依人眼看这份忠诚就要由自己来破坏，于是产生很强的焦虑感。

无法做适当处理而引发的焦虑

我在这里试图用精神分析的一个基本概念——“焦虑”来分析。精神分析认为焦虑是从本我、自我、超我在争取可用的心理能量控制权的冲突中发展而来，其功能在于对迫近的危机提出警示。神经质焦虑与道德焦虑则因个人内在的“动力平衡”受到威胁而产生。焦虑在告诉个体，除非做出适当的处置，否则危险将会不断提升直到自我崩解为止。神经质焦虑是因害怕本能失去控制，做出招致惩处的不当行为而产生的；道德焦虑是害怕受到良心谴责：具有高度良心者，常在做了违背道德标准的事情后，感到罪恶不安。

依人的神经质焦虑与道德焦虑几乎借着丧恸梦显现了出来。依人个人内在的“动力平衡”因失落事件受到威胁，一方面害怕本我失去控制，导致自己做出招致惩处的不当行为（神经性焦虑）；另一方面又受到良心谴责，害怕做了违背道德标准的事，因而感到罪恶不安（道德性焦虑）。两者皆为自我无法进行协调，或无法解决来自两方的强大动力，而形成的焦虑。

换言之，神经质焦虑来自本我的骚动。依人的本我拒绝接受这一事实，不想被剥夺一直习惯的安全、稳定与幸福感。她的本我能量庞大，像个小孩死命紧抓，想拿回失去的一切，拒绝遭受损害（趋利避害本能）。但本我的欲望或冲动太大，大得让依人害怕失去控制。她的内在和外在世界都因失去可以继续投注感情的对象，需求无法获得满足，而令她痛苦。这些痛苦遍寻不着解决办法，只能借由丧恸梦试图解决。

在现实生活中，依人的神经质焦虑让她的自我选择以否认的防卫机制来因应；在梦中，梦境自我则尝试直接解决依人的焦虑：如果找到男友，男友再回到她身边，一切就没有问题了。于是，依人的梦境便是不断寻找男友，想要找到自己感情投注的那个对象。

另一方面，依人的道德焦虑来自她强大的超我。超我代表内化的父母价值观，广泛地说是社会标准和典范。个体必须发展出道德规范或价值观，以决定要采取善或恶的行动。超我若过于强大，会出现完美并固着于追求自我理想状态，因而抑制本我与自我，使个体忽略生理驱力，致力于不合乎现实的追求。

依人不断提出许多道德高标准要自己遵守，例如不能背弃男友，男友并没有提分手，在两人不同意的情况下，要继续遵守对爱情的忠贞与承诺。

但要遵守这个道德标准是有困难的，因为现实生活中，杰已不存在，再也无法复返，好好地和依人达成分手的协定。依人和杰的关系成了未完成的关系，始终得不到解决。

依人不希望自己失去男友后，就将男友忘记，很快投入新感情——她认为这样对不起男友。另一方面她也害怕别人（特别是男友的家人）认为她遗忘了男友，对男友的爱不坚贞。

但现实生活中，她的孤单与寂寞与日俱增，加上内心脆弱易感，希望有一个人能出现，给她安慰与依靠。但是，若杰一直未提出分手，让关系终止，依人便无法接受新感情，进入下一段亲密关系。于是，依人的第二个丧恸梦，出现杰表示两人不可能在一起了;第三个梦境中，杰甚至有了新女友，迫使依人必须认清他们两人已经结束的事实。因此有新女友是隐喻，代表两人不得不分开了。

依人花了将近两年时间不断处理这个未解决的关系，期间，寻找杰的梦境不断上演。从依人的梦境发展，不难体会“接受失落的事实”是何等困难。如果个体的状态还无法顺利接受，就算外在环境不断逼迫或规劝，对个体而言，仍必须靠一次次不断地疏通、回看、疏通、回看后，才能渐渐获得面对的勇气。

丧恸梦让丧亲者能够自我处理这些未疏通、难以面对的部分。虽然面对过程有些漫长，但丧亲者能在一个自己所能接受的步调中进行。

将丧亲者现实生活情境与内在心理状态（愿望）相违背的冲突显现出来，也是丧恸梦的功能。这些现象反映了梦境自我（解决问题的能力）仍尝试面对、处理或解决内在状态与现实抵触所造成的鸿沟或断裂，使内外冲突能在反复处理下，整合出一个新的平衡状态，不需再以过度的心理防卫抵挡现实生活的冲击，能够慢慢接受事实究竟是什么。等到接受事实的任务完成了，这样的梦境也可以停止了。

第八章 丧恸梦与关系的再联结

丧亲者需要在情绪上重新定位逝者，重新联结两人的关系形式。

所爱的人逝去，丧亲者最痛苦的是除了必须适应失落，还要面对自己在失落后“继续活着”。沃登认为丧亲者在投注情绪活力于新关系之前，会希望和逝者维持关系，保持和逝者过去的记忆。当与逝者的关系取得一个新联结与新平衡时，丧亲者才有能力与能量投注情绪活力到其他关系或新角色上。

因为死亡的发生破坏了感情依恋关系，个体会倾向防止这样的断裂与破坏，尝试和逝者维持关系。若要彻底切断关系或遗忘，对于从这段关系获得许多正向感情与满足的丧亲者而言，或许也失去了继续活下去的力量。与其要丧亲者与逝者从此切断关系，不如协助他们在情绪上重新定位逝者，并且重新联结两人的关系形式。至少在未准备好独自面对接下来的人生之前，维系与逝者的关系是十分重要的支持来源。

如此看来，丧恸梦之所以是再梦见逝去的亲人，便是让关系得以有所联结。在还未准备好道别之前梦见逝者，可以暂时感受到依靠还在、支持还在、保护还在、力量还在。

真爱不会消失

这里提到几个人的丧恸梦，都具有关系再联结的渴望。我一直认为，即使我们失去了某位重要他人，知道从此之后这个人再也不会出现在我们的生活中，我们也不能磨灭此人在过去生命中的足迹。如果我们真的爱过、在乎过、珍惜过，这个人就不可能不在生命里留下珍贵的感情。因此，一个人死后，我们要做的不是切断关系，而是关系的再定义与另一种形式的再联结。丧恸梦就是一种再联结的方式。在梦里，关系还可以有所发展、有所互动，即使醒来知道一切都是梦，现实里这个人真的不在了，但心里多少能得到一些慰藉，感受到心里渴望的接触。

我在第七章讨论过依人不断解决冲突的丧恸梦，在梦里她反复寻找为何杰不在她身边的答案。下面这个梦也有试图解答的特性。不同的是，在这个梦里，杰出现了，回到她身边，并且告诉她其实他没有发生意外，没有死亡。依人喜出望外，两人又像过去一样甜蜜地紧靠在一起，那是依人渴望的接触，也是她强烈的愿望，可以与杰回到过去，回到一切都没有改变、没有痛苦的状态。

我梦到杰回来了，他告诉我他被抓走了，好不容易才逃出来。杰看起来心情不错，我又高兴又兴奋，急着告诉他这段时间发生的事。我兴奋地跟他说，我们大家都误会了，以为你发生了那件事情，原来并没有发生。而我因为那件事认识了治疗团体的老师跟绚慧。我也告诉他，他的好朋友为了他很难过而哭了的事。

杰听着，微微笑着。

我说："你爸妈也都很难过，你有没有打电话回家？"

他说："有。"

杰牵着我的手要去吃饭，抱着杰的手臂，十指扣在一起的感觉是熟悉的。

但……又有点陌生，啊！我们好久好久没有触碰彼此了。

依人的这个梦是很感伤的，通过这个梦我可以感受到她不断落空的愿望。但即使落空，这个梦能让依人暂时获得一些安慰，在感情上仍能有所联结。

J.A. 霍尔（J.A.Hall）认为悲伤的历程会自然出现在梦里。单纯的悲伤状态下，死去的所爱之人于梦中仿佛还活着，这种梦的频率会随着悲伤历程走到健康的终点而逐渐减少，大约在对方过世六到八个月之内（但与之相关的象征性内容仍经常增加）。长期而复杂的悲伤状态下，活着的人无法接受或不愿意接受所爱的人死去，梦中经常以负面的角度呈现死者，或者死者好像要遗弃梦境自我似的。

在悲伤历程中的梦，逝者会栩栩如生地与丧亲者继续互动，直到丧亲者可以和逝者道别为止。

芝华的丧恸梦也有这个特性。她丈夫在外地工作时突然心肌梗塞死亡，虽然她亲自处理了丈夫所有的后事，但丈夫的骤逝，让他们的关系在没有道别的情况下终止，使得芝华的生活突然失去了信任的依靠，她不得不独自面对许多生活的难题。对芝华而言，被迫面对失丧命运，心里却难以承受，也不想承受。

> 我梦见丈夫从外地回来，我很高兴地迎接他。我急着告诉他，他不在家的这段日子，家里发生了什么事。丈夫微笑地听着，我心里突然觉得有他在真好。我觉得心里有了依靠，因为我不需要再独自面对许多困难。

丈夫的存在原本是生活安心的保障，若丈夫能回来，生活就有了保护、有了帮助。但现实情况是，丈夫再也不会回来了。虽然这是事实，但内心的感情依恋可不是那么简单就能切断的。于是，丧恸梦让芝华可以暂时喘息，暂时感受有丈夫可以依靠的感觉，也暂时获得一些安慰。

素琴的母亲因癌症而过世，或许因为素琴陪伴母亲走过整个疾病变化的过程，因此比较能面对母亲过世的事实。但母亲在家庭中缺席，仍旧让家人感到不舍与悲伤。

特别是素琴的父亲因为配偶不在而显得郁郁寡欢，只能靠喝酒麻痹孤寂的感觉。素琴很担心，却无法改变父亲，她很心疼父亲老年丧偶的生活，一个人孤零零的，没有老伴照顾、扶持。但这份心疼，却也包裹着无力的感受。

以前，父亲总是依赖母亲的照顾，母亲也一直是父亲和孩子之间的沟通桥梁，大家都习惯把心里的话说给母亲听，家里的几次危机也都由母亲坚毅地扛下。

母亲对家来说，是重要的精神力量。对素琴而言，这个家没有了母亲，似乎没有了欢笑，没有凝聚力，也没有沟通的管道了。

我梦到妈妈，而且我知道妈妈已经死去。我问她："你回来了吗？不会再走了？"母亲摇头说："我只是回来一下，看看你们。"

我告诉她："你不在的时候，爸爸过得不好，常一个人喝酒。你不在，全家人都不好。”

母亲听完后回答：“我也放不下你们，所以跟老天爷借了点时间回来告诉你，要保重自己，照顾好爸爸。”

我听了一直流泪，说：“妈妈，这个家不能没有你，我们需要你……”

母亲一脸忧愁，但没有说什么。

而我，哭着要她别再离开。就这样哭醒了。

即使知道母亲已经死亡，也希望她不要离开家。在丧恸梦中，死亡变成可以跨越的界线，生与死不再是遥不可及的距离。现实生活中，死后的世界是未知的，我们再也无法见到死去的人。丧恸梦破除了这道藩篱，使人可以穿越生死，可以从死亡回来，也可以回去。或许这是人内心的渴望，如果死亡可以不要这么突然而决绝地分离丧亲者与逝者，或许丧亲者也就没必要经历那么大的哀恸。

从素琴的梦我们可以看见一个女儿心里渴望母亲的保护，也需要从母女关系中获得力量。对母亲倾诉心事是素琴生活里重要的感情支持来源，当生活里她还没有办法获得其他感情支持时，梦见母亲的支持与慰藉是维系生活继续往前走的重要养料。

对丧亲者而言，生死别离最大的残酷在于知道从今以后，再也见不着这个人，过去和这个人的感情与生活点滴也不可能重现。这样的时刻，会让人体会到一种虚空，好似什么都留不住，没有什么是恒久不变的。感情如此，关系也是如此。

这种虚空感将会使人感到恐慌，有种孤身漂在汪洋中的感觉，浮浮沉沉，抓不到任何稳固的东西可以依靠。正因为如此，失落总让人更想去抓取什么，希望可以减轻一点慌乱焦虑的感觉。

梦见逝去的亲人正源自这种需要，即使生活里的所有事物都因死亡的发生而改变，但只要再梦见逝者，生活就好像没有完全被改变，总有一些什么是不变的。因此，我们可以听到丧亲者多么希望可以梦到逝去的亲人，重温过去的感情与关系，梦到逝去的亲人时，心里多少会体会到一点安慰。

我奶奶在二十三年前因病骤逝，我的姑妈不断梦到她。因为奶奶骤逝，姑妈内心深处便一直充满遗憾与愧疚，觉得没有好好照顾奶奶，未能让奶奶过较好的晚年生活。所以，姑妈在她许多梦境里都是悲伤的，有时候奶奶出现了，她很惊奇，怀疑奶奶是不是没有死，有时候会梦到奶奶在交代一些生活中的事情。我印象很深刻的是有一年,姑妈在生日前夕，梦到奶奶准备了一只鸡和面线，还有大包小包的东西，说要来帮她过生日。姑妈在梦里既喜悦又温暖，好似母亲仍旧没有忘掉她的生日，还记得要来帮她庆生。

这个梦对姑妈来说很有意义。姑妈和奶奶的母女关系很深。姑妈是家中的长女，也是最了解整个家庭繁华与辛酸历史的人。她深受奶奶影响，学习到如何去照顾别人，又如何坚毅地扛起家庭的重责大任。

我想，无论过了多久，年纪多长，姑妈心里仍然想念着母亲为家人付出的爱与辛劳。这个梦正意味着这份母女情并未因死亡的发生而断裂。在生日的特别时刻，能梦到母亲来祝福与庆贺，梦里头蕴藏的感情不只是怀念母亲，还有母亲未曾改变的爱与呵护的感受。

无论一个人活到什么时候，我们其实都还是渴望受到呵护与疼爱，特别是至亲永恒不变的爱。

渐渐接受两人的确身处异处

然而，关系的联结要能渐渐发展到“再联结”，我们才能处理与容纳自己的悲伤。随着悲伤状态的进程，和逝者关系的联结方式会在梦中有所演变。可能从梦见和逝者很自然地一起生活，可能一起在屋内、到一个经常同去的场合，渐渐演变成逝者必须从“某个地方”归来，或是以天堂或另一个世界来表明两人的关系已非从前的状态，必须要特意安排才能相见。但是，两人还是一见如故，分享彼此的生活或心情。

这种知道对方已不存在自己的生活中，但是两人的关系却并没有断裂或消失，还是可以将生活的改变告知对方，便是关系“再联结”的意义。

我梦见父亲的第三个丧恸梦也有关系再联结的部分。在梦中，我知道他和我在不同的世界，而我想要告诉他我的生活似乎要走出一片新气象，摆脱人生中很大的苦境，我很想向他报告这个喜讯，同时也想见他一面，表达我的想念。

换句话说，我心里未被死亡影响而遗忘我的父亲；只是，父亲并非与我活在同一个世界，而是存在于另一个世界。对我来说，父亲永远是我的父亲，即使他早已不在我的生活里，也不代表他对我已经不具意义。

接受他的存在状态不同于我，才是真正接受他已经死亡的事实。而这样的接受，若加上知道两人的关系是恒久性的，那么关系再联结就能帮助丧亲者走过伤恸与悲伤。

也就是说，他曾经是我的父亲，就算他死了，他仍旧是我的父亲，这层关系是不会改变的。我不需要在生活中杜绝思念这个人，但也不需要过度或刻意想起他。我既然知道这层关系在生命里是恒久性的，有个位置势必为此人保留下来，那么我就不需要抹灭，也不需要害怕自己会遗忘对方而紧抓不放，强迫自己时时刻刻地想念。

这是我长久以来从事悲伤辅导与疗愈工作体会到穿越悲

伤的最好境界，也是沃登所说的第四个任务："能重新投入情绪能量在新的关系上"。此处指的新关系也包括和逝者的新关系，意指能重新和逝者有新关系的联结。当你与逝者的关系不再决裂，便不需要因为展开新生活而害怕将对方（这位生命里的重要他人）遗忘，好似抛弃了他，只顾过起自己的好日子。

如果，你知道逝者仍旧关心你的生活，或你仍旧可以向逝者分享(通过梦或仪式),甚至逝者还会给予肯定与鼓励——那么大步往前迈进，让生活慢慢好转起来，就不是背叛，也不是自私了。

不过，丧恸梦来自丧亲者的心灵与悲伤状态，像丧亲者的一面镜子，既然是镜子，便在于如实显现。因此，能不能梦见与逝者的关系再联结，进而体会和逝者的关系并未消逝，而是另一种状态的存在，因而大步往前迈进，还是要看每一个丧亲者的悲伤进展、心理资源和环境支持度如何。

丧恸梦只是悲伤疗愈的开端，但若没有足够的探索，少了独立自我诠释意义的过程，仍可能无法彰显什么意义，让悲伤疗愈过程停留在某一点上，进展缓慢。

因此，我仍然要鼓励丧亲者将自己的丧恸梦记录下来，作为更了解自己心灵世界与悲伤状态的重要途径。

第九章　丧恸梦的自我疗愈力量

丧恸梦的发生，
最终目的是让个体自愈伤痛，
达到心灵的平衡。

梦，往往是带有信息的，而这信息来自深层的内在。丧恸梦可以说是内在发出的失落悲伤信息，是不断调适失落的过程。

现实生活中，逝者已是不可挽回的感情依恋对象，丧亲者要面对的改变与落空不计其数，日子彻底不同以往，也使得生活充满挑战与难题。但是，现实生活不一定会提供足够的空间与时间让丧亲者可以如实地呈现自我状态，或安心地表达悲伤与那些伴随而来的复杂情绪。

梦是隐秘处理悲伤的空间

丧恸梦是一个丧亲者可以隐秘处理悲伤、调适失落的空间。梦经验或许为丧亲者带来痛苦情绪而引发困扰，或使他们对于逝者为何不断入梦感到未知的恐惧，但丧恸梦本身是个体自发的处理系统，是个体尝试面对与整理内在和外在所遇到的冲击与失衡的重要机制。因此，丧恸梦的发生，最终目的是让丧亲者治愈伤痛，达到心灵的平衡。

这和荣格的观点一致，荣格心理学把梦看成自然而具调节性的心灵历程，类似身体的互补机制。梦的心灵活动使一些被遗忘的内容可以再次受到关注，梦的补偿功能可以补偿自我的暂时扭曲，例如一些被压抑的情结获得释放的机会；也可补偿自我结构需要调整的部分，使之跟上个体化的历程，也就是面对个体发展的任务。再者，梦的补偿功能借由梦的情境发挥作用，梦境自我获得改变，进而改变清醒自我的结构。

梦，是个体自发性的调节机制，促进了个体的健康，协助个体适应内外在的改变。对丧亲者而言，悲伤是心灵内在的活动，是私有的感受，即使能通过言说表达，但无法言说的感受经验仍是重要的。梦提供了再次经验那些尚未言说表达的经验，让感受更深刻、更具体，借着有意识的观看（梦中的另一个更高意识）与再次经验，个体对自我能有更多接触与洞察而形成不同的行动，这也是梦具备的实质功能：促进自我的改变。

梦是悲伤疗愈的起点

在我们讨论过这么多丧恸梦的特性后，我想读者不难发现，丧恸梦对于个体在面对伤痛、失落时所具有的帮助，无论是协助丧亲者完成悲伤的哀悼任务，或协助丧亲者完成和逝者之间的未竟之事，抑或协助丧亲者释放或整合混乱的悲伤情绪反应，甚至解决丧亲引发的诸多冲突问题，让关系还能有所联结等，在在因应了丧亲者在悲伤历程中疗愈伤恸的需要。但我也要提醒，丧恸梦只是悲伤自我疗愈的起点，而非终点。不是我们梦了，便自动、自然地疗愈了悲伤，从此没有悲伤这回事。想借着丧恸梦疗愈悲伤，便需要不断自我诠释梦的过程，愈好的疗愈常需要个体投入愈多的心力。真正对自己有帮助的领悟，往往是自我在历经探索之后得到的惊奇发现。

因此，我不认为让另一个人直接解释你那些丧恸梦的意义会对你有多大的帮助。若可以,通过你叙说给另一个人听(当然建议是对梦有些了解或兴趣的人士),通过与这个人的对话，例如请他说说听完梦故事之后的感觉、想法或疑惑，都可以让你一步步探索梦可能具有的更多层次意义。释梦是艺术性的，可以有好多角度、好多层次的意义，不一定有绝对的对与错，讲求的是对你的意义。而好的意义是被当事人接受的意义，也就是你觉得贴近你的心灵世界，并对自己的生命有更多洞见与觉悟的意义。

梦是接触真实自我的过程

我在第三章的理论章节谈到，做梦时人的理智是被抑制的，于是人无法再靠理智压抑或否认自己的真实感情与情绪。拆掉了自我防卫的大门，于是人和自己真实的心灵接触，活在真实的感觉里。

遭遇失丧总让人产生许多复杂的情绪感受。失丧初期，甚至可说丧亲者日日夜夜都在情绪的煎熬中，但毕竟清醒时理智会告诉我们该怎么面对、该怎么表现，别人问候时该怎么响应，后事又该怎么处理。于是清醒时，那些复杂庞大的情绪感受便被压制下来，于是很多丧亲者说想哭却哭不出来，觉得自己该难过却没有任何难过的感觉。有种离自己的情绪感受很遥远的感受，完全不知道自己的感觉是什么。

丧恸梦让丧亲者可以毫无顾忌地表达悲伤，无论是情绪或各种念头。表达本身具有抒发的功能，抒发便是将情绪的能量消耗掉，使之不再高涨或强烈，让人的心理状态可以趋于平稳。这是丧恸梦的第一层疗愈功能。

如果经由丧恸梦显现的情节与经验到的情绪感受，进一步探索与觉察自我的心灵状态，了解那些未处理的伤痛是什么、未解决的冲突是什么、渴望是什么、难以调适的失落是什么、生命课题是什么……那么，丧恸梦可以进行第二层的疗愈功能，让人疏通生命断裂的部分，让生命容纳失落的存在，形成崭新的生命面貌。

因此，丧恸梦第一层的疗愈功能可说是生命为求内在平衡而自然发动的。第二层疗愈功能则需要通过个体的觉知与进一步的处理，才能具有更深层的疗愈。

我很鼓励人重视梦的发生，特别对丧亲者而言，丧恸梦带出了许多信息，而这些信息可以让人发现逝者在生命中的意义，还有过去关系中尚未处理完成的议题。当然，生命因失落遭受的冲击也会显现其中。

随着生命历程进展的丧恸梦

书里我提到的几位故事主人翁，因为我们一起历经关注丧恸梦的过程，有机会一起碰触内在深层的悲伤，让悲伤有受到照顾的机会。另一方面，借着丧恸梦的演变，我看见他们在生活中调适失丧的过程，虽然伤痛没有完全治愈，心里某个角落仍会记得当初的心痛，但我看见他们跨出新的脚步，慢慢开展新的生活空间。薇妮与依人仍旧持续与我分享丧恸梦，借着丧恸梦，她们渐渐探寻出自己当下生活的某些状态或需要面对的议题。

书写到后期，前后历经了六个月，我再度梦到和父亲有关的梦，并且接连梦到两次。虽然已没有痛彻心扉的悲伤，心痛的感觉仍在。第一个梦，是在某个协谈工作结束后的午休时梦到的：

梦里，我走到一个墓园，走着走着，我心里明白我走在“父亲的墓园”。我走到一个墓碑前，望着墓碑，看到父亲的名字，确定那是父亲的墓地。我望着墓碑，哀伤突然从体内散发开来，感觉到体内有种低吟的哭泣……我心想：是爸爸，爸爸葬在这里……

我在这样的哀伤中醒过来，眼角仍有泪。现实生活中，我并不知道父亲的墓园在哪里。很离谱，一个女儿不知道父亲葬在哪里。那是因为父亲过世时，我年纪太小，且离乡住在台北姑妈家，对屏东葬礼的一切实在太模糊。两个知道父亲葬在哪里的人，一个是爷爷，在父亲过世两年后去世了；另一位是伯父，早已移民新西兰，鲜少联系。

本来问了叔叔，叔叔说若我想将父亲的骨灰移到台北，他应该可以陪我去找。但以我现在的能力，我买不了墓地；要麻烦叔叔陪我去找，我也过意不去，所以迟迟未行动。事实上，我也不清楚这样做的意义为何？十九年不知道父亲葬在哪里，他一直活在我心里，而不是在任何特定的“地方”。若我真的“弄”出一个父亲的墓地，是不是也把父亲困住了，以为他真的就在墓园里。

我醒来后，因为梦境很清晰，于是反复思考何以会梦到这个梦？我觉察到是因为来访者在谈话中，提到他很害怕失去的感觉，以致不敢拥有；因为拥有后，可能要历经失去。为了避免经验失去的痛苦，于是克制想去拥有的渴望。

或许这种拥有后又会失去的感觉，让我联想到曾经拥有好爱好爱的父亲，却失去了他的哀伤，于是用这个梦呼应来访者的感受。而墓园代表的意义便是失去。

因此这个梦让我再度经验（提取）相关的情绪，是为了呼应生活中感受到却未意识到的情绪。

第二个梦：

> 我梦见父亲出现在小时候住的姑姑家。我的年纪好像已经成年。父亲要出门，我跟他说：“不要走好不好？不要出去好不好？”
>
> 父亲仍旧执意要出门。
>
> 我见他没有改变主意的意思，突然激动地说：“好，

你走吧！我知道，你出门后，我再也没有爸爸了……”

醒来后，体内又散发出哀伤。我在低低啜泣中醒来，脑中反复想着这句话：“好，你走吧！我知道，你出门后，我再也没有爸爸了……”

这句话是孩童时期的我想说却一直说不出口的话……

小时候只要见到父亲出门便想阻止，用撒娇、哭、摆臭脸等方法阻止他出门，但就是没有语言可以告诉他：我不想你出门，我想你陪我。

他出门后，总是好久好久以后才会出现。在他的世界，朋友永远比家人重要。虽然我知道他爱我，却常常怀疑他是否在乎我（这或许是我长大后一直没有办法从伴侣身上获得充实安全感的原因）。

梦里，我似乎把幼时的压抑情绪表现了出来。虽然在梦里，父亲还是出门了，我也从哀伤中醒来，事情并未改变，但我知道那是我的未竟之事，是我体内深层的哀伤情绪。

我想这个梦也和生活经验息息相关。在生活中，我感觉到自己对依恋关系有所疑惑，在不确定感情究竟可以归属何方的情绪下，让我有份患得患失的焦虑感受。

这个梦显示出一种矛盾：想证明自己是重要的（叫爸爸不要走），却发现原来自己并不重要（爸爸还是出门了）。这种不安全的依恋关系造成的失望与失落深深烙印在我的记忆中。在做梦当时的生活情境中，这种心理无法安定的感受常常发生，我一再感受到，却未曾意识到。因为这个梦，我意识到自己对感情依恋的害怕与担心，并且发现这和小时候的经历大有关联。

在这两个丧恸梦中，我已经不是在调适失去父亲的事实，而是反映父亲带给我的感情依恋关系与生命议题。即使丧恸梦已经不是在疗愈失落事实造成的伤痛，却也疗愈了生命早期的伤痛。我想，失落若是长久的生命议题，那么，丧恸梦具有的疗愈力量也将可以是长久的。重要的是，一些重要信息是不是被做梦者错过、忽略或者捕捉到，让梦有机会来帮助我们，疗愈自己。

关于时间的影响

也许有人会问：要经历多少时间，人才可以完成悲伤的哀悼任务？或者，要经历多少时间，人才可以梦到丧恸梦，借着丧恸梦完成生命中的悲伤议题？

关于这个问题，我认为无法确切指出历经多少时间后，人便可以在丧恸梦中处理好自己生命的悲伤议题。像我自己历经十二年才开始梦到丧恸梦，而真正到达自己可以接纳的悲伤状态，前后又历经了五年。

我想或许可以这么说，对非预期丧亲的人来说，许多研究显示必须度过四到七年，悲伤状态才能走到比较好的阶段。如果丧恸梦是显现与反映真实的悲伤状态，那么，丧亲者得花四到七年，才能在丧恸梦中渐渐体会自己的悲伤在梦境中的变化与进展。

但这不是绝对的。有许多独特案例都显示十年以上的悲伤调适过程仍然存在。

而预期性丧亲，特别是久病、可预料的死亡，除非丧亲者和逝者有特别的感情纠结，难以处理与面对，需要更长的时间疗愈。不然，在有好的道别(good-bye)与好的死亡(good death)的情况下，通常需要一到三年的悲伤调适时间。

另一个讨论点：丧亲者是否一定能够借着丧恸梦处理悲伤呢？或者有没有什么方法可以促进丧恸梦的发生呢？这真是可遇不可求的事，但我觉得和以下两个因素有关。

生命经历的影响

我们对死亡与失落的体会与觉察，和自身的生命经历有很大的关联。有丰富生命历程的成人会比生命历程尚短的孩子或青少年体验到事物的更多面，感受与体会自然也有更多层次。特别是对死亡的理解与解释，学理上认为孩子十一岁之后才具有形式运思的能力，才较能理解死亡的意涵，也能进一步思考生命的意义。

因为可以理解的部分不同，丧恸梦呈现的形态也可能因此不同。虽然本书并未谈论任何儿童的丧恸梦，但我听过许多儿童丧亲之后，都有做噩梦的情况。噩梦的内容则是被鬼追，或是有妖怪。这大概显现了儿童对死亡的理解：死亡被认为是一种很吓人的形象，或感受到一种不可控制与不可知的恐怖力量。“妖怪”“魔鬼”正显示孩子内在经验到害怕与恐惧的感觉。

随着生命经历的拓展，人感知到愈来愈多死亡层面，赋予死亡的意义也愈来愈丰富。所以，即使一个孩子丧失亲人时没有梦到关于逝者的丧恸梦，却仍旧可能在成年后陆续梦到关于丧亲事件的丧恸梦。像我十四岁丧父时，并没有特别梦到父亲（或许有，却因自己不注意而遗忘）；在二十六岁，我却意外梦到失去父亲的梦。那时，在安宁病房工作的生命经历绝对影响了我感知死亡的不同层面，死亡与悲伤的场景开启了我不同层次的意识，让我挖掘出早年没有处理完成的悲伤与失落。

不同时期的生命历程必定会为生命带来不同的关注点，原本可能不在乎、不挂念，在后来的生命历程却可能出现，唤起你的注意；也可能因为一个社会事件、一部影片、一本书、一首音乐等，勾起你对生命、对死亡不同的情绪感受或记忆。因此，丧恸梦出现的时机与内涵，并非限定在某个时期。我们社会一般的民间习俗，总希望丧亲后七日内可以梦见逝者，表示逝者有返家看看，也表示魂魄是完整、被招回的。或者百日内也希望能梦见逝者，希望得知逝者在另一个世界过得如何。不能否认，的确有不少丧亲者通过梦感应到逝者，并从中获得不少信息，得到安慰。但我想说的是，即使短时间未梦到，也不表示日后都不会梦到。如果梦境提供的是一种感情抒发的机会，一次再经验、再重温旧情的机会，那么，要不要梦到，我认为与心理的准备度也有关联。

心理的准备度

我认为一个不想再经历苦痛、悲伤的人，或是一个抗拒经验悲伤的人，他的感情会封锁在内心某处。虽然睡眠时，情绪会逃脱理智的控制而释放，但对于平日就杜绝感受，用强大力量抑制感觉的人来说，睡眠时仍无法放松，难以安心地进入睡眠状态。他必须要在对外在与内在环境都感到安全的情况下，放下控制感，才能放松与安稳入睡。

丧亲者既然要经历失丧的悲伤与痛苦，就必须要能放开心来承受丧恸梦带来的冲击与任何可能的感受。这就像心理治疗过程，若当事人不愿将内在的自惭形秽说给治疗者听，或开启伤口让治疗者端详，那么，治疗这件事永远不可能发生，我们甚至连伤口长什么样子都不知道。

对于想赶快调适失落与悲伤、恢复生活作息的人来说，在生活的某个层面，是拒绝关注自己内在真实感受的。对某些人来说，若接触与了解感受无法改变事实，他们宁可不花时间与力气关注自己。

我认为一个能容许自己悲伤、能允许自己脆弱的人，才可能有机会梦见丧恸梦。因为历经丧恸梦的过程，情绪感受往往不会太好，分离的悲恸也总是布满梦境之中。

换言之，你要愿意梦到，才比较有可能梦到。若你内心十分排斥悲伤的情绪感受，也不允许自己经验悲伤，梦到的机会便会相对减少。

可能出现的丧恸梦类型与意涵

许多丧亲者的梦经验，大致与外国学者专家归类的丧恸梦类型大同小异，不过，我将它们更细地分为十类。我相信，丧恸梦不只这十种类型，其意义也可以再扩充，我仅以自己的看法尝试说明这些丧恸梦类型可能具有的意义，读者可将其作为参考，但绝非标准解答。

梦到逝者说明离开或消失的原因

此类丧恸梦内容，可能来自做梦者本身还未完全接受逝者离世的事实。这可能发生在逝者骤逝，或无法见到完整遗体的情况下。逝者的离开过于突然，虽然丧葬仪式已经进行，对逝者可能会死亡的事实却未有心理准备，或拒绝接受死亡的发生而联结一些象征的说法。

梦到逝者告知他过得如何

这类丧恸梦可能意味着做梦者对逝者抱有歉疚与遗憾，例如未能在生前好好对待逝者、觉得逝者的离世是自己的疏忽等。另一种可能为逝者的离世过于突然，在没有道别的情况下天人永隔，做梦者希望能再获得逝者的音信，对逝者所过的未知生活有所掌握，进而放心。

梦到逝者的告别

这类丧恸梦多半发生于逝者在无预警的情况下突然离世，做梦者没有充分的机会向逝者告别。另外也有做梦者一直抱有遗憾，没有陪伴逝者到生命最后一刻，心中过意不去所引发的梦境。

梦到逝者交代或指示生活事件如何安排

这通常发生在逝者有许多未交代的事件，例如葬礼要如何处理（火葬或土葬），或财务（遗产或债权、债务）该怎么办理。这些琐事其实很让生者苦恼，做梦者对生活中这些事物的安排有所挂念，或不知该如何是好。

另一方面，若逝者长期是家庭或关系的决策者，当逝者离开，做梦者在还未学习如何扛起决策责任时，压力过大也可能做此类丧恸梦，希望逝者出现，提供意见或指示。

梦到逝者警告危险或提醒生活注意事项

这类丧恸梦发生的可能因素和前一种类似，不同的是，逝者在前一类丧恸梦可能居于决策者或权威者的地位或角色；而这类丧恸梦，逝者比较是照顾者、抚育者的角色或位置。逝者的离世可能使家庭或关系缺乏照顾者的抚慰，在关心、呵护与问候相继匮乏的情况下，做梦者便在梦中寻求逝者的照顾。

虽然梦到逝者的提醒或叮咛，但逝者是被投射的形象，象征做梦者梦中渴望受照顾或被关怀。另外，做梦者也可能觉察或意识到生活中的一些危险，借着丧恸梦所投射的逝者形象，提醒自己注意安危。

梦到逝者鼓励或支持

做梦者可能会感受到生活的困境与挑战，内心渴望得到支持，而逝者可能具有这个功能。对于做梦者来说，逝者是重要的支持力量，借着丧恸梦，得到往前的力量与面对困境的勇气。

梦到逝者再度遭遇当初的死亡事件

这类丧恸梦含有大量的未竟情绪，意味逝者的死亡过于突然，让人措手不及。而做梦者对逝者的死亡感到强烈的遗憾与悲痛，希望能改变这个事实或挽救其免于厄运。

梦到和逝者如同以往互动或相处

这类丧恸梦显示做梦者怀念过去没有改变的生活，或内心希望一切都没有改变。可能因为做梦者调适悲伤的过程很艰辛，面临的挑战或困难太多，做此类梦一来可以让做梦者稍微喘息，获得安慰；二来可以借着丧恸梦重温过去的情怀，也是做梦者试着接受失落事实的过程。

梦到逝者的责备或责打

这类丧恸梦多半来自逝者在做梦者心中具有权威形象或

管教功能。虽然逝者离世了，但在做梦者心中，逝者已内化为心中评价是非对错的声音，借着逝者的出现，做梦者释放的是内心害怕犯错的恐惧与担忧，其内在可能隐藏着罪恶感与愧疚，不知如何是好。逝者的出现代表超我的道德或制约力量，但也可能是早期生活受到逝者虐待的经验所引发的。

梦到逝者过着不同的生活或有了不同的生活伴侣

这类丧恸梦多半发生在失去亲密关系的遗留者身上。原本是伴侣关系（夫妻、情人、好友），在逝者过世后，做梦者迟迟未能展开新生活，心里仍旧记挂和逝者的感情，而周遭的外在声音却不断要做梦者忘记逝者，重新寻觅新伴侣或展开新关系。在内在与外在冲突的情况下，做梦者借由此类丧恸梦说服自己，或许逝者已经忘记两人的感情，或许已经不可能挽回逝者，来结束内心停滞不前的感情依恋。

第十章　如何靠梦疗愈丧恸

丧恸梦不只是梦，
而是丧亲者最具体与最真实的悲伤表现。

从记录梦开始

要让丧恸梦帮助个人接触失落的悲伤，进而接受失落的事实，接纳失落事件成为生命的一部分，重整生命的信念，调整生命的方向，必须从记录丧恸梦开始。

通常，我会鼓励丧亲者在梦见已故亲友后醒来的那一刻，不要急着起身或走动，而是躺在原位，默想梦境内容，把梦的过程回想一遍。如果可以，回想过后，起身将梦境记录下来。通常，我会用笔记本写下来，为了怕书写的过程忘掉重要的情节，我会先试着以一些简短的形容词与名词写下记忆深刻的画面或对话，以便记得这些重要的细节，例如：

白幕、教堂、棺木、修女、死亡、朋友、“伤痛都治愈了”……

有了这些关键名词或话语，我便开始写下梦境的过程，以第一人称“我梦到了”或“在梦中，我……”作为书写的开始，然后慢慢回溯。能记录多少就记多少。记录的重点不在于记录得多翔实，只要把记得的部分尽可能记录下来就可以了。

以开放的心分享与叙说

记录完成后，你可能立刻就能联想到这些梦代表的意涵，或马上就可以知道目前生活的一些处境与梦境的关联。如果记录完，仍没有特别的想法与念头，那么先放着，在沉淀过后试着自我分析与诠释。或者，你可以找一个叙说的对象，开放心分享给他听。当你有叙说的对象，必然会在叙说过程中有所探索、说明，进而有所领会。

探索与诠释梦的意义

因为我对梦的好奇，许多亲友若梦到特别的梦便会说给我听。一旦他们说给我听，印象便会更深刻。之后，我会陪他们慢慢探索梦境的可能意义，通常也一起了解他们目前生活的情境与特殊的生活事件。

探索梦，必须在愿意开放自己的前提下。我遇过一些人跟我说他们做梦了，但不太愿意试着完整地说出梦的情境与内容，欲言又止，或草草带过，然后问我："这个梦代表什么意思？"

我会诚实地说："我也没有任何想法。"我可以协助诠释，一同探寻意义，却不是灵媒，凭着一种灵感，在没有充分的证据下对梦有任何解释。

说到如何释梦，我的释梦方法其实也没有太多高深的学问，大致上分为直觉式与分析式。

我相信梦里的每个角色、行动乃至物体，都可能象征某个特别的意涵，并且是极具个人独特意义的意涵。无论是直觉式或分析式，都在寻求梦境中每个部分与每个片段象征的可能意义。这些象征物其实投射了我们内心对一些事物的想法与感受。

梦要对个人产生意义，必须通过探索的过程。我自己并不赞同去脉络化的解梦，像是问人：梦到蛇代表什么？梦到血代表什么？

这种"去脉络化"的解梦，只能从普遍性的意涵来解释某些物体或符号象征的意义,却失去个体的独特性意义。例如，若梦到掉牙齿，大概会有恐怖或丑陋的感觉或意涵，但我们得进一步了解梦里的情境是什么，当事人在梦里的感受与行为反应是什么，甚至了解当事人在现实生活中正面对什么处境，等等。如此才能让梦的发生和现实生活产生联结，进而诠释出贴近生活脉络的意义。

靠直觉联结或尝试分析

我说过自己探索梦的意义的两种途径是依赖直觉，或以分析的方式进行。直觉式的探索便是直接感觉这个梦和生活中的什么事件有关联。可能因为某件事一直挂在心上，迟迟未处理或未解决，导致晚上做了这个梦。找出关联后，可以进一步从梦境了解自己的愿望、期待或真实感受，从而对自己的状态有更清楚的理解。当然，也可以再次选择与决定要如何面对生活中挂念的事件。

分析式的探索是由于找不到相关的事件，因此需要一层层地分析与诠释。例如，生活中没有特别想起逝去的亲人，可是竟然梦见他，梦里和逝去亲人的互动似乎隐藏着特别的意涵，这时候便需要进一步的分析与诠释。

谈到丧恸梦的意义，我认为最大的意义是抒发与表达失落的悲伤痛苦。丧恸梦不只是梦，而是丧亲者最具体与最真实的悲伤表现。丧恸梦是一面好镜子，让丧亲者可以对自我失落的部分有更多觉察和体会。

若以分析式的释梦方式来探寻意义，则可将整体的梦切割成细部来看。当细部一一有了诠释，最后再从整体来看。

例如我梦见逝去的父亲，但父亲不只能代表父亲，可能同时代表我内在的男性特质或男性力量，或者父亲可能象征一位权威或慈爱人士，抑或可能意味着我与男性的关系（可能是期待的关系）。但我之所以这样解读父亲带给我的意义，是从我的生活脉络与生命历史来诠释的。不同人的生活脉络与生命历史，会有不同的解读，产生不同的意义。

另外，梦里的一些场景与物体可能也代表某一种隐喻，例如薇妮梦见家被水冲垮，水隐喻了破坏、不可掌控的力量，而漂着的碗或家具则象征经济物质的流逝。

无论是人物、场景或物体都可以赋予意义，重要的是，要由当事人来诠释，寻找他自己的意义。

至于整体，则可针对梦中引发的情绪感受，整场梦的过程带给你什么感觉，联结当前的生活情境，看看有无关联或相似之处。

给梦一个大主题与小标题

我认为梦是创作，是艺术，更是诗的展现。在分析与理解梦的内容后,相信你对梦要叙说的意义会有一番体会。这时，在你书写的梦内容中，可以裁切出若干有意义的小段落，并赋予这些小段落一些小标题。综合这些小标题后，可以给梦一个主题，表示这个梦的重点与意义。

进行创作

这时，你可以进行创作，以诗的形式写下梦的意境。许多梦的专家都说过，梦其实是一首超越语言限制的诗，是个体生命在探寻自己存在意义过程所进行的感情抒发，更是一种生命的创作。我不是一个很懂诗的人，但偶尔读到一首好诗，被诗传达的意境与感情深深感动，并被诗创造的氛围紧紧包围，心灵好似在另一个不知名空间遇到了知音，获得了共鸣。

梦，是一种诗。梦里的每一部分都能转换成诗的文字，所以你可以用诗的风貌展现梦，当它成为诗，将带给你一份神秘、一份美感，和可以一直探究下去的隐喻意涵。

你也可以用画的方式将梦里所有的感情、意境和过程表现在画作上，让画将你特殊的梦经历保留下来。

我一直认为创作可以让一个人的存在更显独特，创作物只属于你一个人，表现出你独一无二的生命风貌。你创作的梦独一无二，你写的诗也将独一无二，画作亦是。

其实，创作的过程也是赋予梦更多意义的过程；当你创作梦更多层面的意义时，梦对你便更具有意义。意义本来就可以通过不断循环的诠释，产生更多的意义。意义，是没有终点的。

诠释梦后，再次理解自我内在的心灵状态

创作后，梦带来的丰富意义便会浮现。如果你领会了梦的整体意义，便可在有所理解、顿悟的情况下，进一步理解自己的内在状态，思考自己是否想调整什么，或者这个梦可能在提醒你什么、警告你什么、安慰或鼓励你什么。让梦成为和自己沟通的管道，也让释梦的过程成为和自己沟通的过程。

进一步的行动

所谓进一步的行动，就是在你有一番探索与了解之后，如何将这些顿悟应用在现实生活中。例如，你知道自己过去对逝者有诸多埋怨、不满，或有太多的歉疚、遗憾，要如何在逝者已离去的情况下，抚慰生命的缺憾或完成尚未完成的表达。

以我的建议，通过心理咨询专业人员的协助来整理与处

理那些生命的缺憾与未竟情绪，是值得尝试的。一来，在处理伤痛的过程中，有人协助、引导或提供支持是非常重要的；二来，心理咨询专业人员对心理状态的需求能提供更多的评估与危机预防。

参加一些状况相近的丧亲者组成的团体（治疗团体、咨询团体或自助团体），也是很好的方式。听听他人的状况，看看自己的状况，也许能获得不同的体会与领悟。

参加一些工作坊或阅读关于失落悲伤的书籍，也是自助的方法。

如果你选择独自面对与处理，那么就保持记录梦境的习惯，并且借着梦多加分析自我、觉察自我、洞悉自我，进而改变自我。很多时候，改变是很难发生的，因为人太习惯旧有自我堆砌的生活模式。有时候，面对自己的问题就像“只缘身在此山中”的感觉，浑然不知到底哪里出了问题。保持一些距离，或许我们才能够看得清楚点，并且选择一些可以改变的部分，从这里做起。

对我来说，丧恸梦给了我一个提醒，那就是我真切地知道自己“需要帮助”，不再否认，也不再以伪装的坚强漠视自己的悲伤。因为这个发现，我寻求团体心理咨询，通过专业人员的协助，处理了内在的伤痛。因此，我才有机会往心理健康的方向迈进。

分享完探索丧恸梦意义的方法与经验之后，若从心理咨询专业工作的角度分析，各心理咨询与治疗学派对梦的处理都有不同的看法与技术，我也以个人的经验分享心理咨询能提供丧亲者哪些协助，特别是对于一些完成悲伤历程有困难的丧亲者，丧恸梦的处理或许是一个有利悲伤进展的途径。

以下是我对专业心理悲伤工作者的建议，希望能有帮助：

借着丧恸梦工作，完成困难的哀悼任务

失去重要亲人的当事人要谈论充满创伤的失落是不容易的过程，他们对创伤性失落事件的发生，仍会感受到强烈的威胁而拒绝接触与谈论。在这种情况下，若要当事人接受失落的事实，进而完成和逝者的道别，更是困难和具挑战性的工作。

若从当事人的丧恸梦经验介入，可能是较为缓和与安全的点。因为梦经验提供了具体影像，无论梦中是否再现失落事件，丧恸梦都可能具有许多未竟情绪与关系的情节。

完形治疗的梦工作是让当事人在咨询室布置出梦情景，使当事人可以再次体验梦情境，进而再次经验自己的情绪感受，而对自我有更多的发现与觉察。通过咨询师的催化，当事人可以从梦工作中选择与决定新行动，完成梦中未完成的任务或议题。

完形治疗取向的丧恸梦工作，为的是使当事人对自己有更多的探索，梦里出现的角色与各个部分可能都是自我的投射。当事人借着各部分的体验，可以对自我有新的发现，也可从梦实景的布置过程中，更细致地体会自己的感受，停留在经验中，以便做更深层的自我探索。

因此，丧恸梦工作不需要丧亲者巨细靡遗地回忆失落事件，却可以将未完成的关系与情绪带到咨询室处理。若丧亲者在梦里有未完成的道别情节（好比依人的男友表明要分手，并已结交新女友的情节），例如在依人的梦里，她并未经验完成，而现实生活中，她也没有心理能量可以自我处理，完成道别，丧恸梦的工作则可以协助依人完成后续的未竟情绪与未竟关系。

借由丧恸梦，得知当事人经历失落后的真实状态

梦具有反映真实内心状态的特性，包括情绪感受、想法、原始欲望，以及重要的生命议题。

借着了解丧恸梦，可以穿越当事人外在表现出来的形象或防卫，清楚得知当事人所处的状态，包括正在进行或已完成的哀悼任务、隐藏或压抑的情绪反应、当事人的内在动力和不断出现的生命议题。

从丧恸梦评估当事人悲伤历程的进展与遇到的难题，是值得尝试的。特别是习惯表现理智或隐藏、伪装情绪的当事人，丧恸梦具有的情绪特性与不受理智压制的生理特征，将使咨询师直接了解丧亲者内在世界所体会的经验、当事人引发的情绪感受和压抑未表达的想法。

借着叙说梦，联结更多的生命叙说，重新建构出更完整的生命历程

经历创伤性失落的当事人，可能历经强烈震撼，使记忆功能受压制，形成破碎断裂的生命历程。混乱的认知、片段零散的经验必须通过叙说加以连贯。意外灾难或创伤性失落通常是受创者未曾经验的，这些未经过适当信息处理（如编码、概念化、分类、形成记忆网络等过程）的感官经验就会持续出没，寻求被处理的机会，因此会有瞬间经验重现或做噩梦的情况发生。若是直接叙说，则需要回忆有关创伤的记忆，因此激发出情绪记忆链接的强烈负面情绪，使当事人感到恐惧或崩溃。

充满情绪记忆的创伤经验若未经过叙说处理，是无法重新分辨、标定或转化的。若没有经过这个过程，失落事件便无法被当事人纳入生命脉络，重建为有意义的生命故事。

借着叙说丧恸梦经验（相较于创伤性失落事件而言，是较缓和的失落经验），当事人有机会叙说失落的经验与历程，也能在咨询师的倾听与探询下，促进当事人联结与叙说有关

丧恸梦经验的生活脉络，借此联结更多的生命叙说，建构出更完整的生命历程。

也就是说，以丧恸梦做素材，在咨询过程中协助当事人重新连贯生命故事线，统整出新的故事。如此可协助当事人借着叙说，重新处理过去与创伤的生命经验，并在表达的过程中再次体认自己的生命遭逢何种失落、何种改变。

鼓励当事人记录梦，借此洞察自我心灵状态的变化

对接受短期咨询者，或许可以建议当事人长时间记录梦。在没有咨询工作的协助下，借由记录梦，当事人可了解自我失落悲伤调适的状态。因为梦具有平衡心灵、调节悲伤带来的改变等特性，当事人记录梦将可帮助自我的反观、发现与新的洞察。

长时间记录梦，也可看出一系列梦所带来的生命议题，使当事人重新了解与评估此议题是否具有特殊意义，是否需要进一步寻求心理资源的协助。

授权者：张老师文化事业股份有限公司
台湾台北市罗斯福路三段325号地下一楼
网址：www.Ippc.com.tw